「言葉がけ」ひとつで子どもが変わる

子育ての50の「困った」に答える本

原坂一郎
元保育士・こどもコンサルタント

PHP

はじめに

保育士として23年、そしてわが子の子育て20年、いつもすぐそばに子どもがいる生活を続けてきました。

子どもの世界にどっぷりと浸かっていると、子どもの心の声が聞こえるようになっていました。

その声の通りにすると、子どもがウソのように変わっていきました。笑顔もたくさん増えました。

ポイントは「言葉がけ」でした。

言葉ひとつで子どもは変わっていくのです。

時間もお金もかかりません。

面倒なこともありません。

言葉ひとつでいいのです。

すべて実証済みで、効果もバツグンのものばかりです。

ぜひやってみてください。

もくじ

「言葉がけ」ひとつで子どもが変わる
～子育ての50の「困った」に答える本～

はじめに ―― 1

本書の見方 ―― 8

困ったファイル① 人にあいさつができない ―― 10

「おはよう」や「こんにちは」が言えません。
近所の人がごあいさつしてくれても知らん顔です。

困ったファイル② お片付けをしない（その1） ―― 12

「お片付けですよ」といくら言っても、子どもは自分が出した
おもちゃさえ片付けません。

困ったファイル③ 整理が下手 ―― 14

整理が下手で、子どものカバンや引き出しの中は、開けてみるたび
いつもグチャグチャ。見るたびにうんざりです。

困ったファイル④ お絵かきが苦手 ―― 16

絵を描いても、小さかったり隅っこに描いたり、何の絵かわからないことも。
絵が苦手のようで、トホホです。

困ったファイル⑤ 食べるのが遅い ―― 18

とにかく食べるのが遅く、いつも食事に時間がかかってしまいます。

困ったファイル⑥ 「ありがとう」が言えない ―― 20

人に何かをもらったとき、園で傷の手当をしてもらったときなど、お礼を言うべき場
面で、言われないと「ありがとう」が言えません。

困ったファイル⑦ なかなか言うことを聞かない ―― 22

とにかく言うことを聞きません。
どうしたら言うことを聞いてくれるのかしら。

困ったファイル⑧ 「おしまい」と言ってもすぐにやめない —— 24
「さあ、もうおしまい」と言っても、子どもの返事は「イヤ」「まだ遊ぶ」。
なかなかすぐにやめようとしません。

困ったファイル⑨ すぐにウソを言う —— 26
「子どもは正直」なんて何かの間違いでは？
すぐにウソをついてごまかします。

困ったファイル⑩ 返事やあいさつの声が小さい —— 28
うちの子どもは返事もごあいさつもいつも蚊の鳴くような小さな声。
「元気を出せ！」と言いたくなります。

困ったファイル⑪ 脱いだ靴をそろえない —— 30
うちの子は玄関で脱いだ靴もそろえません。
よそにお邪魔したときに恥ずかしいわ。

困ったファイル⑫ 選ぶとき時間がかかりすぎる —— 32
お子様ランチのおまけ選びや本屋さんでの本選びでは、いつもグズグズ。
すぐにひとつに選べません。

困ったファイル⑬ テレビを見るとすぐにおねだり —— 34
テレビのコマーシャルを見ると、すぐに「あれ買ってー」。
うるさいったらありゃしない。

困ったファイル⑭ お片付けをしない（その2） —— 36
とにかくわが子はお片付けが下手……って言うか、しようともしないんです。

困ったファイル⑮ 子どもがすぐに甘えてくる —— 38
子どもがよく甘えてきます。「子どもは甘やかしてはいけない」などと言われるたびに、
子どもの甘えをどう受け止めたらいいか、悩んでしまいます。

困ったファイル⑯ 叱っても効果がない —— 40
うちの子は、叱っても全然効果がありません。
同じことを何度も繰り返します。学習しないのかしら？

困ったファイル⑰ すぐに約束を破る ―― 42
「お・や・く・そ・く」と約束したのに、片っ端から約束を破ります。
約束は守れる子どもになってほしいのに。

困ったファイル⑱ ぬりえが下手！ すぐに「できた」と言う ―― 44
塗り方が雑な上、使う色は1色か2色、ひどいときは目だけを塗って終わり……。
子どものぬりえは、見るたびにトホホです。

困ったファイル⑲ 促してもトイレに行かない ―― 46
おしっこはもうひとりでできるけれど、「トイレは？」と聞くと「ない」のひと言。
いつもぎりぎりになってから慌てて行くことも……。

困ったファイル⑳ 好き嫌いが多い ―― 48
うちの子は好き嫌いが激しくて。
嫌いなものはまったく口にしないし、出したものを何も食べないこともあります。

困ったファイル㉑「お茶！」と単語言葉で用をすませる ―― 50
ごはんがほしいときは「ごはん！」、お茶がほしいときは「お茶！」のひと言。
それで何でも用がすむと思ってほしくありません。

困ったファイル㉒ 食事をすぐに残す ―― 52
一応は食べるのだけれど、すぐに「これ残す」「もういらない」。
作りがいがありません。

困ったファイル㉓ ほめるところが何もない ―― 54
「子どもはほめて育てよ」って言うけれど、ほめるところがないからほめようがありません。いったい何をほめたらいいの？

困ったファイル㉔ ウンチの始末をひとりでできない ―― 56
トイレでウンチができるのはいいけれど、その始末がひとりでできません。
いちいちついていないといけないし、パンツも汚れます。

困ったファイル㉕「順番」に並べない ―― 58
並ぶという意味がわかっていません。
口では「ジュンバンジュンバン」と言いながら平気で割り込んでいます。

困ったファイル㉖ すぐに文句を言う ―― 60
うちの子は、ちょっと暑いと「暑い」、冬は「寒い」、少し歩くと「疲れた」と
文句ばかりを言います。

困ったファイル㉗「車よ！」と言ってもよけようともしない ―― 62
車が近づいてきたとき、「車よ！」「車が来たよ！」と言ってもよける素振りもしません。
うちの子って鈍感？

困ったファイル㉘ おもらしをする ―― 64
もうすぐ4歳になるというのに、まだおもらしをします。
なかなかおしめも取れず、困っています。

困ったファイル㉙ 朝、グズグズする ―― 66
朝になるとグズグズします。
ただでさえ、時間がないときにグズグズされると、つい怒ってしまいます。

困ったファイル㉚ 怪獣など暴力的なテレビ番組が好き ―― 68
うちの子は、怪獣や変身ものが大好き。
でも、なんだか暴力的な子どもになってしまいそうで……。

困ったファイル㉛ すぐに質問をする ―― 70
「ねえ、○○ってなあに？」「どうして××するの？」……と、すぐに質問をしてきます。
答えにくかったり、いちいち答えるのが面倒なことも……。

困ったファイル㉜ 同じビデオを何回も見る ―― 72
同じビデオばかりを何回も見て困っています。20回くらい見たものも。
もっといろんなものを見てほしいのに。

困ったファイル㉝ 自分のことを「おれ」と言う ―― 74
まだ5歳なのに、自分のことを「おれ」と言います。
そんな言葉、使ってほしくないのに……。

困ったファイル㉞ 家ですぐに泣く ―― 76
園では泣かないそうなのですが、家で親といるときはすぐに泣きます。

困ったファイル㉟ 悪い言葉を使う ―― 78
友だちとケンカをしたり、イヤなことをされたりすると、「ぶっ殺すぞ」「死ね！」など、
すぐに悪い言葉を使います。

困ったファイル㊱ 母親にまとわりつく ―― 80
いつも母親にまとわりつくようにして、そばから離れません。
トイレにまでついてくることもあり、家事もぜんぜんはかどりません。

困ったファイル㊲ すぐ近くでテレビを見る ―― 82
テレビを見るのはいいけれど、気が付けばいつもすぐ近くで見ています。
目が悪くならないかと心配。

困ったファイル㊳ 絵本を読んでやってもじっくりと見ない ―― 84
絵本を読んであげようとすると、じっくりと聞かず、すぐに先のページを
見ようとします。集中力がないのかしら。

困ったファイル㊴ 夜ひとりで寝られない ―― 86
夜、ひとりで寝ることができず、毎日親がついて寝かせています。
ひとりで寝てくれたらなあ……。

困ったファイル㊵ 朝、なかなか着替えようとしない ―― 88
朝、着替えさせるのに苦労します。
自分からはなかなか着替えようとしないので、結局毎朝私が全部手伝うことに。

困ったファイル㊶ すぐに砂や地面を触る ―― 90
しゃがんで、すぐに砂を触ったり地面をいじったりします。
汚いのでやめさせたいんですが。

困ったファイル㊷ 「ごめんなさい」が言えない ―― 92
悪いことをしても、「ごめんなさい」が言えません。
強情なのかしら？

困ったファイル㊸ ひとつのものにハマりすぎ ―― 94
上の子はアンパンマン、下の子は機関車トーマス。好きなのはいいけれど、
他のものには目もくれず、「買って」というものはそればっかり。

困ったファイル㊹「危ない！」と言っても動かない —— 96
子どもが危ないことをするたびに、「危ないよ！」と教えるのに、
いつもボーッとこっちを見るだけ。さっと動きません。

困ったファイル㊺園であったことを話してくれない —— 98
園であったことを家では何も話してくれません。
どんなことをしたのか、楽しいのかどうかさえわからず、困っています。

困ったファイル㊻園に行くのをイヤがる —— 100
朝になったら、幼稚園（保育園）に行くのをイヤがります。
毎朝、叱ったりなだめたり……もう、疲れちゃう。

困ったファイル㊼友だちの輪の中に入れない —— 102
友だちの輪の中に自分から入っていくことができません。
園ではお友だちも少ないようです。

困ったファイル㊽気が弱く、いつも損な目に —— 104
うちの子は気が弱く、イヤなことをされても黙っていたり、並ぶときはいつも
後ろの方……。見ていて情けなくなります。

困ったファイル㊾荒っぽく、すぐに手や足が出る —— 106
うちの子どもは荒っぽいところがあり、すぐにお友だちを押したり叩いたりする
癖があります。

困ったファイル㊿親となかなか別れられない —— 108
一緒に園に行ったあと、別れる際、親からなかなか離れず困っています。
毎朝、泣いてイヤがります。

おわりに —— 110

装幀／石間 淳

装画・本文イラスト／桂 早眞花

本文デザイン／株式会社ワード

本書の見方

1

子育ての中でよく起こる「困った」を示しています。

2

お母さんの嘆きの声です。
「同感！」とおっしゃる方も多いのでは？

3

子どもがそうなってしまうのには子どもなりの事情があるのです。読んでみると「なるほど！」となるはずです。

困ったファイル❶

人にあいさつができない

「おはよう」や「こんにちは」が言えません。
近所の人がごあいさつしてくれても知らん顔です。

子どもはどうしてそうなるの？

あいさつは人間社会にとって大切なものですが、幼児にはそれほど大切なものではありません。毎朝「おはよう」を交わさずとも、まるで昨日の続きのように、いきなり仲良く遊べます。別にあいさつが人間関係の潤滑油などにはなっていないのです。あいさつは幼児にとっては「大人の世界のマナー」のように思え、自分から言うのはどこか恥ずかしく、促されてもなかなか言えない言葉なのです。

10

効果のない NG 言葉

ほら、ごあいさつしてくれたよ！ なんて言うの！？

あら、お返事は!?

こんにちは！

もじ…

子どもを伸ばす OK 言葉

○○ちゃんもごあいさつができるかな

○○ちゃんも「こんにちは」って言おうね

ウ…

子どもに尋ねているだけのように見えますが、これでは「質問」ではなく「詰問《きつもん》」になっています。相手が大人なら決して言わない言い方です。こういう言い方をされると子どもは萎縮《いしゅく》し、余計に言えなくなります。言ったとしても無理やり言わされただけで、決してあいさつの「しつけ」ではなく、単なる「おしつけ」になっています。子どもが人からあいさつをされても返せないのは親は気まずいかもしれませんが、相手が幼児の場合、人は別に何とも思っていないものです。

こういう提案的な言い方ならば、子どもも「おはよう」や「こんにちは」が出やすくなります。ある意味、これも言わせているような感じがしますが、あいさつ言葉は、それを口にする経験が大切で、何度も言っているうちに口をついて出やすくなります。でも、あいさつは気持ちです。出会って「へへっ」と笑顔になったり、ニコッと笑って「せーんせ！」と言うだけでも十分「おはよう」の意思表示であったりします。そういう気持ちのある子どもは、成長とともに自然に言葉であいさつをするようになります。

うまくいく子育てのポイント

子どもにあいさつ言葉を言わせたいときは、「詰問調」にならないようにし、提案風に言う。

11

4

つい言ってしまうけれど、子どもの成長には何の効果もない言葉をNG欄に、子どもを伸ばし、子どもも親も笑顔になれる言葉をOK欄に示していますが、必ずしもこの通りでなくてもかまいません。それぞれのご家庭に応じた言い方に変えてください。

5

子育てのさまざまな場面で役立つ、著者からのひと言です。

困ったファイル❶

人にあいさつができない

「おはよう」や「こんにちは」が言えません。近所の人がごあいさつしてくれても知らん顔です。

子どもはどうしてそうなるの？

あいさつは人間社会にとって大切なものですが、幼児にはそれほど大切なものではありません。毎朝「おはよう」を交わさずとも、まるで昨日の続きのように、いきなり仲良く遊べます。別にあいさつが人間関係の潤滑油などにはなっていないのです。あいさつは幼児にとっては「大人の世界のマナー」のように思え、自分から言うのはどこか恥ずかしく、促されてもなかなか言えない言葉なのです。

効果のない
NG
言葉
ほら、ごあいさつしてくれたよ！なんて言うの！？
あら、お返事は!?
こんにちは！
もじ…
子どもに尋ねているだけのように見えますが、これでは「質問」ではなく「詰問《きつもん》」になっています。相手が大人なら決して言わない言い方です。こういう言い方をされると子どもは萎縮《いしゅく》し、余計に言えなくなります。言ったとしても無理やり言わされただけで、決してあいさつの「しつけ」ではなく、単なる「おしつけ」になっています。子どもが人からあいさつをされても返せないのは親は気まずいかもしれませんが、相手が幼児の場合、人は別に何とも思っていないものです。

子どもを伸ばす
OK
言葉
○○ちゃんもごあいさつができるかな
○○ちゃんも「こんにちは」って言おうね
ウ〜ン
こういう提案的な言い方ならば、子どもも「おはよう」や「こんにちは」が出やすくなります。ある意味、これも言わせているような感じがしますが、あいさつ言葉は、それを口にする経験が大切で、何度も言っているうちに口をついて出やすくなります。でも、あいさつは気持ちです。出会って「へへっ」と笑顔になったり、ニコッと笑って「せーんせ！」と言うだけでも十分「おはよう」の意思表示であったりします。そういう気持ちのある子どもは、成長とともに自然に言葉であいさつをするようになります。

うまくいく子育てのポイント

子どもにあいさつ言葉を言わせたいときは、「詰問調」にならないようにし、提案風に言う。

困ったファイル ❷

お片付けをしない（その1）

「お片付けですよ」といくら言っても、子どもは自分が出したおもちゃさえ片付けません。

子どもはどうしてそうなるの？

大人がものを片付けるのは、片付いていないと「狭い」「汚い」「見苦しい」など、自分が困ることがいろいろ起こるからです。子どもは違います。おもちゃで散らかっている中に食卓をデンと置かれても平気だし、出しっぱなしの布団の上でおもちゃで遊ぶのも平気。片付いていなくても全然気持ち悪くないのです。困らないのです。その必要性を感じないのに、面倒なことはやりたくないのです。それでも片付けている理由は、ただひとつ。怒られるからです。

効果のない **NG** 言葉

片付けないなら もう遊ばなくていい

もうおもちゃは買ってあげません

と、脅しめいた言葉で片付けさせる

子どもを伸ばす **OK** 言葉

ひとつでも片付けたときに

ちゃんと片付けられたね

とほめる

昔から子どもの片付けの問題は母親の永遠のテーマです。今も昔も、子育ての悩みのトップ３に入っています。そこでほとんどの母親がとってしまうのが上記のような「脅し作戦」です。確かにある程度は功を奏します。でも、それでは、片付ける理由が、おもちゃで遊べなくなるのはイヤだから、おもちゃを買ってもらえなくなるから、になってしまい、そういう条件がないときは、片付けなくなってしまいます。永遠に「脅す」→「イヤイヤ片付ける」の繰り返しになってしまいます。

普段は片付けない子どもでも、たまには片付けることもあります。そのときに欠かさずにほめるのです。「片付けた」→「ほめられた」と、片付けたことが快感につながる経験を増やし、片付けに対していいイメージを子どもの脳に覚えさせていきます。快感を得たことは、子どもは繰り返す習慣があります。何も言わないときと比べて、次からも片付けようとする確率がグンとアップします。片付けないときには叱られ、片付けても無視された、というのが最悪です。片付けに悪いイメージが募るばかりです。

うまくいく子育てのポイント

しないときに叱るのではなく、したときに欠かさずほめる。

困ったファイル ❸

整理が下手《へた》

整理が下手で、子どものカバンや引き出しの中は、開けてみるたびいつもグチャグチャ。
見るたびにうんざりです。

子どもはどうしてそうなるの？

子どもはいつも「今」しか考えていません。明日のこと、いえ5分後のことさえ考えていないのです。ものを使うときも使うことしか頭にないため、喜んで出しますが、使ったらもうそのままだったりします。あとのことを考えないのです。大人が少なくとも子どもよりは整理がうまいのは、大人はまずあとのことを考えて動く癖があるからです。あとのことも考えられるようになる5歳、6歳、7歳となるにつれ、「整理術」は勝手に少しずつ上手《じょうず》になっていきます。

効果のない
NG言葉

子どもを叱《しか》るときは、その行為をしたときに叱らなければ効果がありません。随分時間が経ってから叱ったり、以前のことを掘り返して叱っても効果がないことは、すでによく経験されていると思います。カバンの中や机の中を乱雑にしたのは、「今」ではなく、もう随分時間が経っているものです。そこで叱られても、子どもにしてみれば、「昔のこと」を叱られたことになります。叱っても「なんか怒られちゃった」くらいにしか思っていません。

子どもを伸ばす
OK言葉

お箸《はし》はお箸箱に入れて、チャックは閉めて……

と、具体的に整理方法を教えながら、その場でもう一度させる

カバンや引き出しの中がいつも乱雑な子どもは「整理下手」な子どもです。何が下手かというと、「戻すこと」「元通りにすること」です。それを教えることが大切です。そこで、たとえばカバンの中のお箸を箸箱に入れていなかったとすると、今、改めて入れさせ、それをカバンの中に入れる、というところまでさせます。弁当箱のフタさえ閉めていないのであれば、今、閉めさせ、カバンに入れなおさせます。それが「整理」だということを理解させるのです。発見したときに怒るだけでは、いつまでも「整理術」が身につきません。

うまくいく子育てのポイント

整理下手の子どもは、発見したとき、親がついてその場でひとつひとつやりなおさせ、それが「整理」だということを教えていく。

困ったファイル ❹

お絵かきが苦手

絵を描いても、小さかったり隅っこに描いたり、何の絵かわからないことも。
絵が苦手のようで、トホホです。

子どもはどうしてそうなるの？

幼児が絵を描くことは、表現手段のひとつではありますが、その前に「遊び」です。どんな遊びにも好き嫌い、得手不得手《えてふえて》はあるものです。お絵かきが好きな子とそれほどでもない子どもとでは、それまでに絵を描いた時間の長さひとつとっても全然違っています。最初から上手《じょうず》に描く子どもはいません。最初から下手《へた》な子どももいないものです。絵に向かい合う「環境」が違っていたのです。その「環境」の中でもっとも強い影響を与えるのが「親からの言葉」です。

効果のない **NG** 言葉

あきれたように
何これ？
もっと……に描きなさい

これらは、アドバイスでもなんでもなく、その絵にケチをつけているだけです。子どもは絵を否定された、ひいては自分自身を否定されたように感じます。これでは絵を描くのがイヤになってしまいます。うまくなるわけがありません。大人でもたとえば料理か何かを作って、認められる言葉が一切なく、そのつどケチをつけられたならば、料理の腕前は進歩しないどころか、もう料理を作るのもイヤになってしまうはずです。

子どもを伸ばす **OK** 言葉

あっ、描けたね。これは○○かな。何をしているのかな？
「何かを描いた」ことを認め、親がその絵に興味を持ち、楽しい会話を始める

上手下手はともかく、とにかく何かを描いたのですから、それを認めます。「上手ね！」なんて言わなくていいのです。「描けたね」でいいのです。そしてその描いたもので話を始めます。何でもいいのです。「これは何かな？どこへ行くのかな？」。子どもはすかさず、「これはね……」「○○をしているの」などと言って得意そうに話します。うれしくなって、もっと描こう、また認めてもらおう、と俄然《がぜん》張り切ります。描くたびにそんなやりとりがあると、絵を描くのが自然に好きになり、絵も勝手にうまくなっていきます。

うまくいく子育てのポイント

子どもが絵を描いたとき、親がその絵を認めたりその絵をもとにした会話を進めると、子どもは絵を描くのが好きになっていく。

困ったファイル ⑤

食べるのが遅い

とにかく食べるのが遅く、いつも食事に時間がかかってしまいます。

子どもはどうしてそうなるの？

食べるのが遅く、食事に時間がかかる子どもには共通点があります。食べるときに、必ず次のどれか２つ以上をしているのです。①ひと口が小さい、②噛《か》むスピードが極端に遅い、③お箸《はし》やスプーンを置いている時間が長い、④肘《ひじ》をつく、横を向くなど姿勢が悪い、⑤遊びが多く、箸を口にやる回数が１分に２、３回。子どもは「食事はゆっくりと」というポリシーで遅くなるのではなく、それら自分でも気付かない原因で遅くなっているのです。

効果のない
NG
言葉
いつまで
かかっているの！
早く食べなさい！
ビクッ

子どもを伸ばす
OK
言葉
お口の中のものがなくなったら、すぐに次のものを食べて
ひと口をもっと大きく
お箸《はし》は置きません
など、するべきことを具体的に言う
ゴクン
もぐもぐ

そのときに子どもにしてもらいたいことは、一生懸命食べること、目の前のごはんやおかずの量を早く減らすこと、です。ところが、「早く〜！」「いつまで〜！」の言葉で伝わるのは、「お母さんは怒っています」「あなたは今叱《しか》られている」というメッセージだけです。子どもはその直後こそ食べるかもしれませんが、１分もたたないうちに元の木阿弥《もくあみ》になっているはずです。ただ怒っただけで、子どもがするべきことを何も伝えていなかったからです。

食べるのが遅い子どもは、遅くなっている具体的な原因を探し、それを取り除きます。原因は左ページの５つのどれかです。それをしないようにさせるのです。具体的にどうすべきかを伝えます。その原因が「ひと口が小さい」ことだったならば、「早く食べなさい」ではなく「ひと口をもっと大きく」。お箸を置く時間が長いことが原因ならば、「いつまで食べているの」ではなく「ちゃんとお箸を持って！」と言うのです。叱り口調でもかまいません。「早く食べなさい」と10回言うよりも、よほど効果があります。

うまくいく子育てのポイント

食べるのが遅い子どもは「早く！」だけでは効果なし。遅くなる原因を探り、それを取り除く具体的な言葉をかけていく。

困ったファイル❻

「ありがとう」が言えない

人に何かをもらったとき、園で傷の手当をしてもらったときなど、お礼を言うべき場面で、言われないと「ありがとう」が言えません。

子どもはどうしてそうなるの？

「ありがとう」は２歳くらいから言えるようになってきますが、言える場面は限られています。はっきり言って、もらってうれしいものをもらったときだけです。大人は別にうれしくなくても何かをもらったり、してもらったりしたときにも言いますが、小さな子どもはマナーとしての「ありがとう」が言えません。何かをもらっても、それが特に好きではないものだった場合、大人は愛想でも「ありがとう」が言えますが、子どもは特にうれしくもないとき、「ありがとう」は言えないのです。

効果のない
NG
言葉
なんて言うの！
「ありがとう」は！
と、無理にでも言わせようとする

子どもを伸ばす
OK
言葉
○○してもらってよかったね。うれしいから「ありがとう」を言おうね
と、感謝やマナーとしての「ありがとう」があることを知らせていく

ある保育園では身体測定の際、測ったあと２歳児の子どもにも「ありがとう」を言わせていました。促されなくても言える子どもは最後までおらず、結局全員怒られていました。保育園から帰るとき、「ありがとうは！」と無理に言わせているお母さんもいます。子どもが言えないのも無理ありません。「ありがとう」の場面ではないと思っているからです。そんな場面でも、言われなくても「ありがとう」が言える幼児がいたなら、その方が不思議です。感謝の押し売りは大人でもイヤなものです。

私はマンガが得意で、子どもに描いてよくプレゼントしますが、もらった子どもはたいてい「ありがとう」と言います。そういうふうに、うれしいものをもらったときには自然に言えているのならば問題はありません。人に何かをしてもらったときの、マナーとしての「ありがとう」を教えたいときは、そのつど「こういうときもありがとうを言う場面だよ」ということを教えればいいのです。それを繰り返すうちに、「へえ、ありがとうはこういうときにも言うのか」と子どももわかってきます。

うまくいく子育てのポイント

小さな子どもは、マナーとしての「ありがとう」を知らないだけ。言わ（言え）なくても気にせず、折に触れ、いろんな「ありがとう」があることを教えよう。

困ったファイル ⑦

なかなか言うことを聞かない

とにかく言うことを聞きません。
どうしたら言うことを聞いてくれるのかしら。

子どもはどうしてそうなるの？

大人の「言うこと」は、子どもから見れば都合が悪くなることばかりです。まだ遊びたいのに「はい、お片付け」、もう少しこのままでいたいのに「着替えなさい」、もっと見たいのに「テレビを消しなさい」……言うことを聞いてトクをすることが、ほとんどないのです。大人でも、それでトクをすることが何もない要求、こちらの都合も考えず一方的に言われた要求には、素直に「ハイ」とは言えないものです。

効果のない NG 言葉

言うことを聞かないのならもう○○してあげない

大人がよく使う「△△するならもう○○してあげない」式を、「いじわる」と呼ぶ子どもがいました。でも、子どもたちはみんなそう思っているだろうなと思います。自分の都合は何も考えてもらえず、それが「イヤ」だとわかっているはずの「罰」をちらつかされ、無理やり言うことを聞かされるのですから。まさに「いじわる」です。もしも大人に対して行なったなら誰でも反発するはずです。確かに子どもはそれで行なうことが多いのですが、これでは罰が待っていないと、言うことを聞けない子どもになってしまいます。

子どもを伸ばす OK 言葉

△△したら○○しよう

と子どもに期待感を持たせるように言う

保育園で散歩に行こうとしたとき、おもちゃを片付けない子どもたちに「片付けないと散歩に行かないよ」ではなく、「片付けたら散歩に行こう」と言ってみました。すると子どもたちはあっというまに片付けました。「言うこと聞かないのならこうするぞ」ではなく「言うことを聞いたらうれしいことが待っている」にするのです。子どもは、すすんでそうします。つまり「言うことを聞く」のです。家庭でもやってみてください。ウソのような変化が見られるはずです。

うまくいく子育てのポイント

子どもが言うことを聞かないときは、「罰予告式」は効果なし。逆にうれしいことが待っているようにすると、すすんで動く子どもになっていく。

困ったファイル ❽

「おしまい」と言ってもすぐにやめない

「さあ、もうおしまい」と言っても、子どもの返事は「イヤ」「まだ遊ぶ」。なかなかすぐにやめようとしません。

子どもはどうしてそうなるの？

「はい、もうおしまい」「そろそろお片付けしましょう」……、お片付けのタイミングや「号令」は、いつも大人の都合でかけているものです。子どもにとっては、今からおもしろくなるところ、あと少しで完成、そういうときが多いものです。それを突然中断させられるのですから、何かしらの反抗もしたくなるというものです。大人だって、もしもカラオケボックスなどで、いきなり「はい、おしまいです！帰ってください」なんて言われたら「ええ〜っ」「もっと〜」となるはず。そう、何でも突然言われるのは困るのです。

効果のない
NG
言葉

言うことを聞きなさい
イヤーッ

「さあ、（遊びは）もうおしまいね」。やさしく呼びかけたつもりなのに、即座に「イヤ～」という返事が返ってくると、つい「言うことを聞きなさい！」と強く言いたくなってきますよね。でも、それで動いたとしても、それは無理に言うことを聞かせただけで、決して言うことを聞く子どもになったのではありません。それどころか、次からはもっときつく怒られないと、言うことを聞けない子どもになってしまいます。

子どもを伸ばす
OK
言葉

もうすぐおしまいね
と、少し前に終わりの
予告を出しておく
ハーイ

たとえば先のカラオケボックスでも、さっきのようにいきなり「はい、おしまい」と言われるのではなく、少し前に「あと○分です」と、ちょっとした予告があれば、こちらも見通しが立ち、さあ時間となったときに気持ちよくやめることができますよね。子どもも同じです。いきなり「おしまい」と言われるのではなく、少しでも前に「もうすぐおしまい」ということを教えてもらってさえいれば、子どもなりに遊びのエンディングにかかれます。そのあとの本号令で、ウソのように素直に片付けることもあります。

うまくいく子育てのポイント

「指示」を出すときは、子どもの都合も考えてあげながら言うと、子どもは案外素直に従う。

困ったファイル ❾

すぐにウソを言う

「子どもは正直」なんて
何かの間違いでは?
すぐにウソをついてごま
かします。

子どもはどうしてそうなるの?

子どもは普段から「本当のことを言うと怒られた」という経験をよくしています。たとえば、おしっこが出そうだから正直に「おしっこ」と言っただけで、「もう！　今ごろ！」と怒られたり、「(遊んでいて)指をはさんだ」と事実を言いに行っただけで怒られたり……。すると子どもは、次からは「おしっこは？」と聞かれても、「ない」と答えたり、怪我《けが》をしても隠すようになったりします。正直に言うと怒られるからです。子どもをすぐに怒る癖のある親は、その子どもはよくウソをつくようになります

効果のない **NG** 言葉

本当のことを言いなさい。ウソを言ったら怒るわよ！
犯人

子どもを伸ばす **OK** 言葉

今、本当のことを言ったら絶対に怒らない。でも、あとでウソとわかったら怒るわよ
と言う
同じ目線で
あのね…
おず…

そんなこと言われなくても、いつも本当のことを言っているのに怒られてばかり……という経験をしている子どもには、その言葉が信じられません。「ウソを言ったら怒るわよ」と言われても、本当のことを言ってもどうせ怒られると思っています。子どもはますますウソを貫き通すことでしょう。そもそも、そういう言い方をしていること自体、もう怒っているのですから。

ここでウソを言えば怒られ、本当のことを言えば怒られないというのですから、子どもは本当のことを言おうかなと思います。でもまだ半信半疑です。「やっぱりウソだったじゃないの！」と怒られる気がするからです。だから「絶対の絶対の絶対に怒らない」などと大げさに言うと、その言葉のユーモラスさに緊張が解け、正直に話すようになったりします。あとでわかったら怒る、という言葉も効いています。過去の経験から、そのときは本当に超コワイということを知っているからです。

うまくいく子育てのポイント

普段から、本当のことを言ったときに怒らないようにしておくと、子どもはいつも正直に話す。

困ったファイル ⑩

返事やあいさつの声が小さい

うちの子どもは返事もごあいさつもいつも蚊《か》の鳴くような小さな声。「元気を出せ!」と言いたくなります。

子どもはどうしてそうなるの？

声の大きさというのは性格に大きく関係しています。確かに普段から元気いっぱいの子どもは声も返事も大きいようです。でも人によって性格が違うように、声の大きさも違ってきます。特にあいさつ言葉や返事は、大人でもなかなか大きな声では言えないものです。 たとえ小さくても、本当は言えた（しかも子どもなのに！）だけで偉いのです。

効果のない
NG
言葉

もっと大きな声で
言いなさい！
こんにちは…
こんにちは！

本人もそれができないから困っているのです（困っていないかもしれませんが）。そう言われてできるくらいならとっくにやっています。どうしてもできないことを指摘されたり強要されたりすると、それがプレッシャーとなり、ますますできなくなってしまいます。少なくとも励みになったり、「よし、次は言うぞ」と思ったりはしません。またひとつ怒られた、と思うだけです。

子どもを伸ばす
OK
言葉

声は小さかったけど
ちゃんと言えたね。
でも今度はもっと大きな
声で言えるかな？
とにかく言えた（返事した）
ことは認める
ウン

その声は小さかったかもしれませんが、言ってはいるのです。本当はそれだけでもすばらしいのです。返事もあいさつも全然言わない（言えない）ような子どもとは大違いです。まずするべきは認めてあげることです。「声は小さかったけれど言えたね、お母さんは認めていますよ」というメッセージを投げかけるのです。そのあとで、伝えたいことを伝えます。それでこそ子どもも「よし、お母さんの期待に応えて今度はもっと大きな声で言うぞ」と頑張る気になるのです。

うまくいく子育てのポイント

子どものできない部分を指摘するのではなく、できた部分を評価すると子どもはやる気が出てくる。

困ったファイル⑪

脱いだ靴《くつ》をそろえない

うちの子は玄関で脱いだ靴もそろえません。よそにお邪魔したときに恥ずかしいわ。

子どもはどうしてそうなるの？

大人はたいていの人はきちんと靴をそろえて脱ぐことができます。子どものように靴同士が1メートルも離れるような脱ぎ方はしません。でもそれはいつも親から口うるさく言われ続けたからではありません。離れて脱ぐと自分が気持ち悪いし、履くときに自分が困るからです。一方、子どもは気持ち悪くも感じなければ、バラバラだと履くときに困るとも思っていません。集めて履いて、はい終わりです。何も不都合が生じないのです。

効果のない
NG
言葉

バラバラに
脱いだあとに

これっ、
ダメでしょ！
と怒る

やってしまったあとに「これっ！」と怒るのは、しつけではありません。単なる文句です。何の効果もありません。大人はその叱《しか》り言葉の中に「靴を脱ぐときはそろえて脱ぐものですよ」というメッセージを込めたつもりでも、子どもに伝わるのは「これっ！」という声と、「怒られた」という意識だけ。それだけで「じゃあ次から靴をそろえます」なんて、子どもは決して思わないのです。

子どもを伸ばす
OK
言葉

靴を脱ぐ前に

靴をそろえてね
（そろえて脱ごうね）
と声をかける

子どもは、その行動をやる前だと、結構言われた通りにするものです。靴も、脱ぐ前に言われたなら、そろえることができるのです。自分の子どもが、靴を脱ぐ際、すぐにバラバラに脱いでしまうことを知っているのなら、脱ぐ前に言うようにすればいいのです。そのつど、そろえて脱ぐはずです。するとそうすることが習慣となり、やがて何も言わなくてもきちんとそろえて脱ぐようになってきます。

うまくいく子育てのポイント

するべきことをしないときは、しなかったあとに叱るのではなく、する前に言う。

困ったファイル⑫

選ぶとき時間がかかりすぎる

お子様ランチのおまけ選びや本屋さんでの本選びでは、いつもグズグズ。
すぐにひとつに選べません。

子どもはどうしてそうなるの？

大人でも、服を買うときは何十分もかけて選びます。スーパーで何かひとつ買うときでさえ、どれにしようかあれこれ迷っているものです。そのとき、困っているのではなく、むしろ楽しいはずです。子どももそうです。たくさんのものからひとつを選ぶときは、楽しいのです。ワクワクするのです。なかなかひとつに決められないのです。ただ、ちょっと時間がかかるときもあるかもしれませんが、それでもママの服選びよりはよほど早く決まっているはずです。

効果のない **NG** 言葉

いつまでかかってるの！
早く選びなさい！

大人でも、どれにしようかとワクワクしながら選んでいるときに、横から「いつまでかかっているの！」「早く選びなさい！」なんて言われると、楽しい気分も吹っ飛んでしまいますよね。子どもも同じです。もう気持ちよく選べなくなってしまい、その言葉であわてて全然ほしくもないものを選んでしまったりすることもあります。子どもはそのひと言で、楽しいショッピングタイムがだいなしになってしまいます。

子どもを伸ばす **OK** 言葉

うわ！それもいいね
などと言いながら、親も一緒に品定めを楽しむ

おそらくお友だちとの買い物なら、そんな付き合い方をしているのではないでしょうか？　それが自分のまったく興味のない品物でも、友人の品定めに付き合ってみると、そのやりとりの中で、自分も笑顔になってしまうような、楽しいことがたくさんあるものです。それに付き合わないでいたなら、決して発生しなかった笑顔です。子どもが何かを選ぶときも、子どもの「どれにしようかな、ワクワク」に共感し、親も一緒に楽しむようにすると、親子の間で、たくさんの笑顔がおこるものです。

うまくいく子育てのポイント

子育ては、どんな瞬間も親次第で親子の笑顔タイムになる。

困ったファイル⑬

テレビを見るとすぐにおねだり

テレビのコマーシャルを見ると、すぐに「あれ買ってー」。
うるさいったらありゃしない。

子どもはどうしてそうなるの？

たとえばテレビの通販で、あるいは広告で、いいもの、ほしいものが出ていたら、大人でも「いいなあ」「ほしいなあ」と思いますよね。それと同じです。子どもはそのときの「ほしい」という気持ちを、ただ声にしただけです。大人はいちいち声に出して言わなかっただけです。子どもの「これ買ってえ」は、「ぼく（私）はこれを気に入りました」という気持ちを言っただけに過ぎないのです。

効果のない NG 言葉

ピシャッと

ダーメ！

のひと言

確かに「買って」と言いましたが、本人は「いいな」「ほしいな」という気持ちを言っただけのつもりです。言うくらい、いいのです。それを「ダメ」のひと言で否定されたり、「いつも買って買ってばかり言って！」と怒られたりするのは心外なのです。自分の気持ち、思いが理解されなかった悲しさ、悔しさで泣く子どももいます。自分を受け入れてもらえなかったと思うのです。

子どもを伸ばす OK 言葉

ふーん、これがほしいの

と、その気持ちを認める言葉をかける。実際に買わなくてよい

よーし、わかった

たったそれだけの言葉で、子どもは大満足します。もう買ってもらえたかのように、「やったー」と大喜びする子どももいます。自分（の気持ち）が受け入れられたことがうれしいのです。その時点で気持ちはほぼ完結し、「じゃあ、いつ買ってくれる？」と聞き返したり、次の日に「昨日のあれ、買ってね」としつこく言ってくる子どもは滅多にいません。何を買ってほしかったかさえ、忘れています。子どもの「買って」は、単に「これいいね」と言っただけだからです。

うまくいく子育てのポイント

子どもの「これ買ってえ」は、「これ、いいな」と言っただけ。子どもがほしいのはその品物ではなく、その気持ちを認めてくれる返事。

困ったファイル⑭

お片付けをしない（その2）

とにかくわが子はお片付けが下手……って言うか、しようともしないんです。

子どもはどうしてそうなるの？

大人がするとわけのないお片付けも、子どもにとっては意外と重労働。たとえば絵本は左右の本を手で押さえながらその隙間《すきま》に本を入れる技術が必要だったり、おもちゃ箱はフタを開けるだけでもひと苦労で、それだけで時間がかかったりします。大人なら瞬時にできるおもちゃの分類も、子どもはそのつど立ち止まり、思考回路を張り巡らせます。お片付けは子どもには大人の想像以上に頭も体も使う大変な作業で、「お片付け」と言われると、その「大変さ」がまず頭に思い浮かんでしまうのです。

効果のない NG 言葉

仕方ないわね

と言いながら全部お母さんが片付けてしまう

子どもを伸ばす OK 言葉

○つだけ片付けてね。あとはお母さんが片付けるから

と言って、毎日少しずつその数を増やし、一緒に片付ける習慣をつける

ほうっておいても誰も片付けてくれないし、部屋が散らかったままも困るし、子どもは片付けないしで、ついついお母さんが全部片付けてしまう……、というご家庭は案外多いものです。でもそれが続いてしまうと、お片付けはお母さんがやるもの、というクセがついてしまいます。すると、ますます自分で片付けられない（片付けようとしない）子どもになってしまいます。

「片付けなさい」と言われると、子どもは全部ひとりで片付けることを要求されたように思います。でも、お母さんもそこまでは求めていないはず。片付けようとする姿勢が見たいだけ……ですよね。たとえば「ひとつだけ片付けて」と言うと、子どもはウソのように片付けます。さっきまで、まるで「ひとつも片付けるものか！」的な態度をとっていた子どもも、です。それを「今日はふたつ」「今日は３つ」とゲームのように増やしていきましょう。この方法で、勝手に最後までひとりで片付けた子どももいます。

うまくいく子育てのポイント

ハードルの低い課題を与えると、子どもは喜んでそれを行なう。

困ったファイル⑮

子どもがすぐに甘えてくる

子どもがよく甘えてきます。
「子どもは甘やかしてはいけない」などと言われるたびに、子どもの甘えをどう受け止めたらいいか、悩んでしまいます。

子どもはどうしてそうなるの？

子どもは大好きな人、そして自分のことを愛してくれる人にしか甘えません。親にすぐに甘える子どもも、決して誰かれ構わず甘えたりはしていないはずです。その甘えを受け止めてくれる人にだけ甘えるのです。親にすぐ「○○してえ」と言ってくる子どもは、それを受け止めてもらうことで、自分が親に愛されていることを確認しているのです。お母（父）さんには甘えるけれどお父（母）さんには全然甘えないというときは、甘えていかないお父（母）さんとの関係があまりいいとは言えないかもしれません。

効果のない
NG
言葉
ダメ！
自分でしなさい
などと言って、
拒否する
くつ下
はかせて

子どもを伸ばす
OK
言葉
あらら、
赤ちゃんみたい、
はいはい
などと言いながらも、
子どもの甘えはしっかり受け止める

子どものまわりには何百人もの大人がいますが、その中でその子どもの甘えを丸ごと受け入れてくれる人はほんの限られた人です。親、祖父母、特定のおじ（おば）さん……。「この本読んで！」と言ってすぐに読んでくれるのも親だけ。となりのおじさんがいくらやさしくても、そこまではしてくれないものです。親に甘えてもすぐに「ダメ！」と言われ、受け入れてもらえないならば、その辺にいる大人と同じになってしまいます。「甘えを受け入れる」ことと「甘やかす」ことは全然違うのです。

子どもは大好きな人にしか甘えません。子どもが甘えるのは、いわば選ばれた人なのです。その子どもとその人の関係が良好だからこそ甘えるのです。甘える＆受け止められる、という経験を多くすることで、子どもはその人に愛されていることを確認し、その人への信頼と愛情がますます強くなります。この人は甘えを受け止めてくれないんだ、と思った瞬間から、もう甘えなくなる代わりに、その人への信頼や愛着（アタッチメント）も少なくなっていきます。

うまくいく子育てのポイント

「甘えを受け止める」ことと「甘やかす」ことは別のもの。子どもの甘えを丸ごと受け止められるのは親だけ。十分に受け止めることでお互いの愛情が深まる。

困ったファイル⑯

叱《しか》っても効果がない

うちの子は、叱っても全
然効果がありません。
同じことを何度も繰り返
します。
学習しないのかしら?

子どもはどうしてそうなるの?

いつの世も、親に叱られることをするのが子どもです。でも、子どもがしてしまう「叱られること」は、単なる「過失」であることがほとんどです。生まれてまだ数年しか経っていないことによる「経験不足」「無知」「配慮のなさ」が原因です。叱られてもすぐに改められないのです。もしも叱られたことが次から次へと身についていくならば、子どもは5歳くらいで神様のようになっています。

効果のない
NG
言葉
どうして…！
どこで…！
誰が…！
いつ…！
何を…！
と疑問形で
言いながら叱る

子どもを伸ばす
OK
言葉
○○しなさい
△△してはダメ
と、するべきこと、
してはいけないこと
を具体的に添えて
叱る
ウンウン
ウン

「しつけ」や「教育」のために叱る……それでいいと思います。でもよくないのは、日本の親の９割以上が叱る際、「疑問形」で叱っていることです。疑問形、つまり「誰が・いつ・どこで・何を・どうして」の、いわゆる５Wを使った叱り方です。机の上に上がると「誰がそんなところに上がってるの！」、ゴミをその辺に捨てると「どこに捨ててるの！」、長時間テレビを見ていると「いつまで見てるの！」、牛乳をこぼすと「何してるの！」。それらはしつけでも教育でもありません。ただの文句です。

子どもを叱るときは、疑問形を避け、子どもがするべきことを具体的に添えながら叱るとバツグンの効果があります。先の例だと、「誰がそんなところに〜！」ではなく「（机から）降りなさい！」、「どこに捨てているの！」ではなく「ゴミはゴミ箱に捨てなさい」、「いつまで見ているの！」ではなく「テレビを消しなさい」、「何してるの！」ではなく「こぼさないように持ちなさい」と、すべきことをストレートに言うのです。子どもはおもしろいほどその通りにします。と同時に、それがそのまましつけにもなっています。

うまくいく子育てのポイント

子どもを叱るときは疑問形を使った言い方をせず、するべきことを具体的に添えて言うと、子どもはその通りに動く。

困ったファイル⑰

すぐに約束を破る

「お・や・く・そ・く」と約束したのに、片っ端から約束を破ります。約束は守れる子どもになってほしいのに。

子どもはどうしてそうなるの？

子どもと交わす約束は、それを守ると大人には都合よく、子どもには都合が悪いものがほとんどです。「もう、おねしょはしません」「朝、ひとりで起きます」などがいい例です。子どもは「はい、お約束」と言われると、簡単に「はーい」と言ってしまうクセがあります。「ゆーびきーりげーんまーん」も、そのときの楽しい手遊びくらいにしか思っていません。それがどういうことを意味するか、それを守ることがどんなに大変なことか全然わかっていないのです。

効果のない NG 言葉

あっ、約束を破ったね！
お約束したのに！
やくそく テレビよる8じまで
今日のぱんこ
イヤー
今日のぱんこ見るー

約束を交わす際に

子どもを伸ばす OK 言葉

8時で終われば、好きな○○を見れないけど、いい？
などとそれを守ることで生じる子どもの不都合もフェアに話してやる
数日前ー
と
えと…

約束を守らなかったとき、子どもは叱られます。でも、そのときに言われる言葉は決まって、まるで自分が卑怯《ひきょう》者で、ダメ人間（ダメ子ども）であるかのようなひどい言葉が多いものです。子どもは悲しくなります。自分に自信をなくします。「そこまで言うか！」と言いたくなるような言葉を浴びることもあります。子どもは破ろうと思って破ったのではありません。その「約束」を守ることがどんなに大変かということを知らないで、何も考えずに、ただ「はーい」と言ってしまっただけなのです。

大人は仮に、「１週間で10キロやせるのですよ」と言われても、決して「はーい」とは言いません。それがどういうことかを知っているからです。でも、子どもならそこで「はーい」を言ってしまいます。子どもが、お約束の際に言う「はーい」はそんなものです。それを約束すると、どんな試練が待ち構えているかをわかっていないのです。子どもとの約束は、交わす際に、そこで「はい」と言ったならば、どんなデメリットが生じるか、それも話しておいてあげてこそ、フェアな気がします。大人同士はみんなそうしています。

うまくいく子育てのポイント

子どもは何でもハイハイと安請け合いで約束を交わす癖があるので、破っても厳しくは追及しないでおいてやる。

困ったファイル⑱

ぬりえが下手《へた》！すぐに「できた」と言う

塗《ぬ》り方が雑な上、使う色は1色か2色、ひどいときは目だけを塗って終わり……。
子どものぬりえは、見るたびにトホホです。

子どもはどうしてそうなるの？

子どもにとってぬりえは見本を再現させる遊びではありません。色が何もついていなかったものが、自分の手で少しずつカラフルになっていく楽しさを味わう遊びなのです。少しでも塗ると、少なくとも最初よりはきれいになったつもりでいます（でも事実そうです）。2、3歳だと目だけ塗っても、グチャグチャ塗りでも満足します。でも塗った楽しさは味わえたのです。4、5歳になると、上手《じょうず》になりますが、まだ雑で、塗り残しがあっても「できた」と言ったりします。ぬりえの目的は子どもと大人では全然違っているのです。

効果のない
NG
言葉
そんな塗り方をしたら（ぬりえが）もったいないでしょ
もっときれいに塗りなさい
←見本

ほとんど何も塗れていないのに「できた」と言ったり、らくがきのようにグチャグチャに塗ったぬりえを見ると、大人は何か紙がもったいないような気がし、よけいな言葉をつい言ってしまいます。親は「ちゃんと塗ってほしい」「きれいに塗ってほしい」という気持ちから言ったことでも、子どもにとっては単なる苦情にしか聞こえません。またひとつ自分に自信を持てなくなることが増えた、文句を言われたと思うだけです。

子どもを伸ばす
OK
言葉
塗れたね
かっこよくなったね
そのぬりえを肯定的に捉えた言葉を言う

ぬりえは遊びです。芸術作品を作っているのではありません。何も色がついていなかった絵が、子どもの手でとにかく色がついたのです。前よりよくなっているのです。子どもは十分満足しています。子どもが「できた」と言ったならば、できたのです。そこで親が「できたね」「かっこよくなったね」と言って子どもの気持ちに共感してやると、子どもはうれしくなり、ぬりえをより好きになっていきます。ぬりえは、自分の塗り方に自分で不満点を見つけるようになって、初めて上手になっていきます。

うまくいく子育てのポイント

子どものぬりえは、たとえどんな塗り方をしていても、そのつど「できた（塗れた）」喜びに共感していくと、勝手にうまくなる。

困ったファイル⑲

促してもトイレに行かない

おしっこはもうひとりでできるけれど、「トイレは?」と聞くと「ない」のひと言。
いつもぎりぎりになってから慌てて行くことも……。

子どもはどうしてそうなるの?

大人にとってもそうですが、子どももトイレは別に楽しいところではありません。今まで、出ないのに行かされたり、遊びを中断させられたりで、トイレに対してプラスのイメージを持っている子どもなんていないのではないでしょうか。そのたびに服も脱がねばならず、「トイレは面倒」という印象も持っています。それで「トイレは?」と聞かれると、本当は出そうであってもなくっても、反射的に「ない」という言葉が出てしまうのです。

効果のない
NG
言葉

行きなさい！

と言って無理やり
行かせる

「ない」と言っても

子どもを伸ばす
OK
言葉

♪行こうねー

と楽しげに誘い、
手をつないでトイレ
まで一緒に行く

「トイレは？」と聞かれて「ない」と子どもが言ったとき、無理にでも行かせると出る場合が確かに多くあります。親は「それごらん、あったでしょ」というような顔をします。でも、それはトイレで子どもががんばって出したからです。トイレをひとりでできるようになった子どもは、したくないときでも出せる「コツ」を会得しています。その技術を使っただけです。それよりも、「ない」と言ったのに、無理やり行かされて、トイレに対してますますよくないイメージを持つようになることの方がウンと多いのです。

親が子どもにトイレを促すときは「そろそろ出るはずだ」と思うころです。その予感はたいてい当たっています。行ってよかったのです。ただ、嫌がるのを無理にというのがいけません。逆です。楽しい誘い方をするのです。子どもが「ない」と言っても笑顔で「あるある」と言いながら子どもの手をとり、鼻歌でも歌いながら、楽しそうにトイレまで行くのです。抱っこもOK。ズボンをずらすお手伝いもOKです。子どもは、「もう！ ないのにイ」などと言いながらも笑って「ジャー」です。トイレのイメージもアップします。

うまくいく子育てのポイント

子どもが嫌がることを誘うときは、少しでも楽しげな演出をすると、喜んでするようになる。

困ったファイル ⑳

好き嫌いが多い

うちの子は好き嫌いが激しくて。
嫌いなものはまったく口にしないし、出したものを何も食べないこともあります。

子どもはどうしてそうなるの？

嫌いなものは嫌い！　ひと口だって食べるもんか！　というわけでしょうか。でも、不思議なことに、好き嫌いが多くて困る、というお子さんを預かっても、幼稚園や保育園では、たいていの子どもは何でもよく食べるようになるのです。子どもの好き嫌いは、絶対に食べられない、というものは案外少ないものです。家庭ではどうしても甘えやわがままが出てしまうのです。園ではそれが許されない、と子どもなりに「わがままの使い分け」をしているようです。

効果のない
NG
言葉
あ〜あ、
仕方ないわね
と、結局全部残させる
サッ

子どもを伸ばす
OK
言葉
じゃあ、
これだけは
食べてね
と言って、嫌いなものを
目の前でその8割を取り
除いてから与える
ウン

なんだかんだ言っても、親はやはり子どもにやさしいものです。嫌がるものを口をこじ開けてまで食べさせる、というような親は滅多にいません。どうするかと言えば、結局は残させているのです。家庭ではどうしても子どもは甘えが出てしまいます。でも、それでいいのです。子どもの甘えを十分に受け入れてくれるところが家庭です。園では、先生たちがどんなにやさしくても、一人ひとりの甘えをすべて受け入れることはできないのです。だからと言って、いつまでもそれでは、好き嫌いはなかなかなおりません。

子どもは、目の前に出されたものは、全部食べないといけないのだと勝手に思っているところがあります。まず、その量にうんざりするのです。ところが、目の前でそれがごっそりと減らされ、５分の１くらいの量になると、「ヤッター！　こんなにも減った」となり、「これなら食べられそう」と、俄《が》然《ぜん》張り切って食べることが多いものです。あっという間に食べたり、意外とおいしく、「さっき減らした分を返して」と言うこともあります。少しでも食べるようになると、好き嫌いはまたたく間に減っていきます。

うまくいく子育てのポイント

子どもの嫌いな食べ物は、目の前でその量をごっそり減らすと食べるようになる。減らす量を徐々に少なくしていくとよい。

困ったファイル㉑

「お茶!」と単語言葉で用をすませる

ごはんがほしいときは「ごはん!」、お茶がほしいときは「お茶!」のひと言。それで何でも用がすむと思ってほしくありません。

子どもはどうしてそうなるの?

ひとつの単語のみで用をすまそうとする癖は、実は私たち大人の方が多いものです。喫茶店に行けば「コーヒーふたつ」で用がたります。買い物でも「すみません、これ」「おつり」のひと言ですむことも。子どもが単語言葉を使えば怒るお母さんも、普段は「ひじ!」「あし!」「くつ!」などと結構単語ですませているものです。「フロ」「めし」「寝る」は昔からオヤジ族の専売特許でした。単語言葉は日々、子どものまわりに満ちあふれています。それを真似して子どもが使うようになっても何も不思議ではありません。

効果のない NG 言葉

お茶がどうしたの

と意地悪く聞く

子どもを伸ばす OK 言葉

ちゃんと「お茶ちょうだい」って言おうね

とストレートに教える

子どもは、普通のことを普通に言ったつもりです。偉そうに言っちゃえ、などの悪気はないのです。なのに、いきなり「お茶がどうしたの」なんて意地悪な言葉を返されたら、「えっ！」と驚きます。意外なのです。喫茶店で「コーヒーふたつ」と言ったら、「コーヒーふたつがどうしたの」といきなり店員に言われたようなものなのです。仮に何らかの過失がこちら側にあったとしても、文句や苦情をいきなり言われるのは誰でもイヤなものです。

親の思いは、「人に何か頼むときは、ていねいに言うもの」ということを子どもに教えたいということです。でもそこで、「お茶がどうしたの」と切り返すだけでは、子どもは単に文句を言われたとしか思いません。子どもが「お茶！」と偉そうに言ったときは、それは単なる無知から来たものだと思って、ストレートに「そういうときは、こう言うものよ」と教えてあげればいいのです。すると子どもはすぐに言えるようになります。「お茶がどうしたの！」と苦情しか言わないのならば、次はまた同じことが起こります。

うまくいく子育てのポイント

子どもが単語のみで用をすませようとしたなら、文句やイヤミで切り返さず、ストレートに「正解」を教えてやると「しつけ」につながっていく。

困ったファイル㉒

食事をすぐに残す

一応は食べるのだけれど、すぐに「これ残す」「もういらない」。
作りがいがありません。

子どもはどうしてそうなるの？

出された量が多かったときに子どもはよくそう言いますが、適量のときでも、少しおなかがいっぱいになっただけで言うこともあります。「あまり好きではなかった」「あまりおいしくなかった」ときに多いようです。でも、それがそのときの子どもの正直な気持ちです。大人でも、他人の家でご馳走《ちそう》になったときは「これ、もういらない」とは言いませんが、食堂などでは堂々と残しています。食堂ではそういうわがまま？や甘えが許されるからです。子どもも、家庭はそういう「本音」が言えるところだと思っているのです。

効果のない NG 言葉

仕方ないわね、じゃあ残しなさい
と全面肯定、または
ダメ！全部食べなさい
と全面否定の対応

親はそれまでの経験で、これ以上言ってももう食べないのはわかっているので、その言葉を受け入れ、そのまま残させることも多いようです。一方、「ダメ！」のひと言で、子どものわがままを許さず、どんなに時間がかかろうと残すことは許さない、という厳しい家庭もあります。どちらも正解だと思います。でも、どちらも問題を含んでいます。前者だと、少し嫌いなものはすぐに残そうとする癖がつきます。後者の場合、食事に対して楽しいイメージが残らず、家庭での食事が「イヤな思い出」として頭に残ります。

子どもを伸ばす OK 言葉

この残りの半分なら残していいよ
子どもの気持ちを認めながらも、少しでも多く食べさせる
はんぶん

「食べなさい」ではなく、「残していい」と言っているところがポイントです。子どもは自分の主張が「認められた」と思うのです。「残したらダメ！」ではなく、「残してもいいよ」と言ってもらえたように聞こえるのです。うれしくなります。「全部食べるのは無理だけど、この半分でいいなら食べられそう」と、俄然《がぜん》はりきって食べだすことが多いものです。残したことには変わりないですが、子どもががんばって少しでも多く食べたことにもなり、親の気持ちとしても、満足ですよね。

うまくいく子育てのポイント

子どもが食べ物を残したがるときは、認めながらも、ひと口でも多く食べさせる工夫をする。

困ったファイル㉓

ほめるところが何もない

「子どもはほめて育てよ」って言うけれど、ほめるところがないからほめようがありません。
いったい何をほめたらいいの?

子どもはどうしてそうなるの?

「怒られることはしても、ほめられるようなことは何もしない」……果たしてそうでしょうか？　実は、親が気付かないだけで、子どもは十分ほめられるべきことを毎日100回はしています。どんな子どもでもです。それは妻も夫も同じです。ちゃんと食事を作る、ちゃんと洗濯をする……、当たり前ではありません。十分にほめるに値することです。毎日遅くまで働く、子どもとしょっちゅう遊んでくれる……、それらもすばらしいことです。探せば誰でもほめられてしかるべきことは山ほどしているのです。肉親ほど気付かないのです。

効果のない
NG
言葉
エライいね
賢いね
すごいね
かっこいいね
上手《じょうず》ね
子供はほめて育てよう!!
育児 HOW TO
などの言葉でほめようとする
…って書いてあった

子どもを伸ばす
OK
言葉
ごあいさつができたね
お行儀《ぎょうぎ》よくしてたね
全部食べたね
など子どもが何気なくやったことをそのまま言葉にして言う
ごちそうさまー

「子どもをほめる言葉は？」と聞かれると、上の５つをあげる人が多いようです。その言葉でほめようとするから、ほめられないのです。それらが使える機会は案外少なく、他人には言えても、身内（夫・妻・わが子など）には言いにくい言葉でもあります。人前で夫に「偉いね」「かっこいいね」と毎日言う妻は、他人にはいやらしく聞こえるものです。この５つのほめ言葉は、子どもに言い過ぎるのもよくない言葉だと思います。でも、ほめ言葉って、実はそれ以外にゴマンとあるのです。

たとえば、宿題をやった、手を洗った、残さず食べた……やって当たり前のことかもしれませんが、それをしないで悩んでいる親はたくさんいます。それらは、十分ほめるに値《あたい》することなのです。まずはそんな、やって当たり前のことからほめてみましょう。ほめると言っても「偉いね」なんて言いません。子どもがした行為をそのまま言うだけです。「宿題ができたね」「全部食べたね」。子どもはほめられたと思っています。またやろうと思います。そういう目で子どもを見ていると、ほめることがたくさん見つかりますよ。

うまくいく子育てのポイント

子どもは、自分がやったことをそのまま言葉にされただけでほめられたと思う。

困ったファイル㉔

ウンチの始末をひとりでできない

トイレでウンチができるのはいいけれど、その始末がひとりでできません。いちいちついていないといけないし、パンツも汚れます。

子どもはどうしてそうなるの？

ウンチのあとのお尻を紙で拭《ふ》く作業は、案外手先の器用さが必要です。普段意識することはないかもしれませんが、紙を持った５本の指それぞれに微妙に違う力と動き方が要されるのです。ウンチの始末は指先までが器用になっていないとできにくいのです。指先の機能が出来上がってくるのは４歳以降です。ウンチの始末に関しては、ひとりでできるようになるのは５歳頃です。それまではどうしてもひとりで上手《じょうず》にはできないのです。

効果のない
NG
言葉
いつまでも赤ちゃんなんだから
自分で拭いてね！
などと苦情?を言いながら拭いてあげる
ブツブツ
ふいてあげながら文句

それが心からの言葉ではないにしろ、イヤミや文句を言われながら拭かれたのでは、拭いてもらってもうれしくないものです。自分で拭けたら世話はありません。ひとりで拭けないから拭いてもらっているのです。これではトイレというものが「怒られるところ」「不快感を味わうところ」となり、ますますトイレが嫌いになってしまいます。人はお世話されるなら気持ちよくされたいと思うものです。

子どもが4歳になってから
子どもを伸ばす
OK
言葉
♪仕上げは○○ちゃ～ん♪
と歌いながら、子どもが拭くように練習していく
きちんとふいてあげた後
少しでも自分でふかせる

ウンチの始末は手先が器用になる４歳の頃に上手に教えると、５歳までに拭けるようになります。まずは紙の長さ、ちぎり方、持ち方、そして拭き方（あてがい方）をていねいに教えます。その４点が大切です。初めは衛生のためにもお母さんが先に拭き、仕上げを子どもにさせるのがポイント。♪仕上げは○○ちゃ～ん♪と歌でも歌いながら楽しく教えると喜んでやります。以上を30回も繰り返せばOK。30回、つまりたった１ヵ月でマスターできるのです。上手になったら子どもが先に拭き、「仕上げはお母さ～ん」です。

うまくいく子育てのポイント

ウンチの始末は４歳以後、仕上げを子どもが拭く練習から楽しく入ると上手に拭けるようになっていく。

困ったファイル㉕

「順番」に並べない

並ぶという意味がわかっていません。口では「ジュンバンジュンバン」と言いながら平気で割り込んでいます。

子どもはどうしてそうなるの？

順番抜かしは１歳から３歳までが多いようです。そんな小さな子どもは、人が順番に並んでいる様子は、「たくさん人が集まっている」風にしか見えないようです。まさかその一番前の人も最初は一番後ろにいたなんて、知らなかったのです。つまり、「順番に並ぶ」というしくみが全然わかっていないのです。「自分もやりたい、ならば前に行こう」という気持ちだけで、「ルールなんか無視しちゃえ」という気持ちなんてないのです。経験不足と無知と幼児独特の「自己中心性」から来る、単なる過失なのです。

効果のない
NG 言葉

ダメでしょ、順番抜かししちゃ！

順番、順番！

と子どもを叱《しか》って強引に後ろに行かせる

それでは子どもはただ怒られただけです。その言葉で教わったものは何もありません。もしも、知っていてやったのなら「やっぱり怒られたな」と反省をうながす効果がありますが、単なる無知でやったことです。そこでさらに、強引に後ろに連れて行こうものなら、子どもは「どうしてこんな変なことをするんだ！」と怒ります。まさか、そこにいれば自然に前の方になり、すぐに自分の番が来るなんて思わないのです。「並ぶ」ことの根本的なしくみがわかっていないのです。

子どもを伸ばす
OK 言葉

順番って、一番後ろに並ぶことよ

と言って一緒に並び、徐々に前になっていく「順番」のカラクリを体感させる

叱る必要は何もありません。知らないのだから教えてあげればいいのです。「順番に並ぶ」というのは、早い話が列の一番後ろにつくことです。子どもと一緒に後ろに並び、たったそれだけで勝手に前に進み、いつのまにか自分の番になるという不思議な現象を一緒に「体感」するのです。「ほらねっ、○○ちゃんの番が来たでしょ」。一番後ろだったのに、自然に自分が前になる、という安心感を感じると、子どもは「順番に並ぶ」意味がわかり、自分から並べるようになります。

うまくいく子育てのポイント

子どもが単なる無知からやってしまった「過失」は、それがいけないことでもすぐに叱らず、ただやさしく教えるだけで子どもは理解する。

困ったファイル㉖

すぐに文句を言う

うちの子は、ちょっと暑いと「暑い」、冬は「寒い」、少し歩くと「疲れた」と文句ばかりを言います。

子どもはどうしてそうなるの？

ちょっと待ってください。子どもの言う、それらの「言葉」は、決して文句ではありません。単なる感想です。大人でも熱いものを触ったら「熱い！」と言います。どこかにぶつけたら「痛い」と言います。そう感じたから言うのです。文句ではありません。子どもも同じ。暑かったから「暑い」、寒く感じたから「寒い」と言っただけで、決して「マフラーないの？」「手袋ないの？」なんて文句は言っていません。子どもの言葉は、いつもただ感じたことや思ったことを正直に言っただけのことが多いものです。

効果のない
NG
言葉
だからジャンパーを
着ておいでって
言ったでしょ！
すぐに疲れた疲れた
って言うんだから！
と、文句や苦
情で切り返す
さむ～い
つかれたぁ

子どもを伸ばす
OK
言葉
「寒い」には
ホント寒いね、
でも我慢しようね
「疲れた」には
疲れたね、
でも頑張ろうね
と、その言葉を認めた上
で励ます言葉をかける

そう感じたから言っただけで、別に文句を言いたくて「暑い」「寒い」「疲れた」と言ったのではありません。ただの「感想」を言っただけなのに、イヤミを言われたり、怒られたりしたのでは、子どもも立つ瀬がありません。思ったことを正直に言っただけで怒られるなら、子どもはもう心に思っても何も話さなくなってしまいます。たとえばいじめられていても、どうせ「あなたも何か悪いことをしたんじゃないの」なんて言われるんだろうなと思い、最初から何も話さなくなってしまうかもしれません。

子どもがそれを口にしたのは、苦情としてではなく、ただ感じたこと、思ったことを言っただけなので、子どもは「ほんとね」のひと言で満足します。子どもは自分のことが認められ、共感されたりすると、自分に自信を持つようになります。それだけでも満足感を味わい、そこで「寒いけど我慢しようね」などと言われると、素直に「うん」とうなずくものです。「寒くない！」などと否定されると、「だって寒いもん！」と、認めてもらえなかった悔しさで泣いたり怒ったりする子どももいます。

うまくいく子育てのポイント

子どもの一見文句や苦情のような言葉は、感じたことや思ったことをそのまま言っただけ。その言葉を丸ごと認めると満足し、我慢さえできるようになる。

困ったファイル ㉗

「車よ！」と言ってもよけようともしない

車が近づいてきたとき、
「車よ！」「車が来たよ！」
と言ってもよける素振り
もしません。
うちの子って鈍感？

子どもはどうしてそうなるの？

「車よ！」と人から言われて、さっと回避行動を取るのは大人です。言葉は言葉通りにしか受け取らない子どもには、「車よ」は、そのまま「that is a car」としか伝わりません。普段「ネコよ」「飛行機よ」と言われているときと同じです。「車よ」「バイクが来たよ」と言われたときだけ、特別な動きをしないといけないなんて思わなかったのです。決して、その言葉を聞いていなかったり、無視しようとしたりしたわけではないのです。

効果のない NG 言葉

車よ！
どうして
よけないの！
キョトン

もしも誰かが「ネコよ！」と言ったとします。そう言われたから、ネコを見たのに、「ネコって言ったでしょ、どうして○○しないの！」なんて突然言われたら、「？？？」となりますよね。「車よ！」「車が来たよ！」と言われて叱《しか》られた子どもがまさにそれです。「○○よ」と言われたから、ちゃんとそれを見たりはしたのです。なのに、突然怒られたのでは、それこそ「？？？」となってしまいます。

子どもを伸ばす OK 言葉

車が来たから
端《はし》っこに行きなさい
車が来たから
止まって！

そう言われれば、子どももその通りにします。車をよけようとするのです。「車よ！」と言われたときは「何らかの回避行動を取りなさい」と言われたのも同然！と思えるようになるのは、もっと大きくなってからです。「車よ！」のひと言で、そこまで求めるのは小さな子どもには酷です。確かにそこまで言うと、「車よ！」しか言わないときよりも２秒ほど時間がかかり面倒です。でも、たったそれだけで、子どもが事故に遭う確率は100倍以上低くなります。

うまくいく子育てのポイント

子どもには言葉は言葉通りにしか伝わらない。伝えたいことはわかりやすく具体的に言おう。

困ったファイル㉘

おもらしをする

もうすぐ4歳になるというのに、まだおもらしをします。
なかなかおしめも取れず、困っています。

子どもはどうしてそうなるの？

トイレの自立の時期には個人差があります。でも１歳でおしめが取れたなんていう子どもなんていません。小学生になってから取れたという子どももほとんどいません。95パーセント以上の子どもが２歳半から４歳の間に自立します。個人差があると言ってもわずか２年ほどです。当事者（親）は、２年の差は大きいかもしれませんが、２年なんて問題にならない時間です。おもらしに限らず、どんなことでも子どもの発達には個人差があります。親はわが子が「遅い部類」に入ったときだけ文句を言ってしまいます。

効果のない **NG** 言葉

もう、赤ちゃんなんだから
いつになったらおもらしがなくなるの

と、文句やイヤミを言いながら換える

子どもを伸ばす **OK** 言葉

あらら、また濡《ぬ》れちゃったね
おしっこが出るときは言ってね
ハーイ

と、なんでもないことのようにして換える

自分ではどうしようもないことや、「悪いことをした」という自覚がないものを一方的に怒られたりイヤミを言われたりすると、人はストレスを募らせます。大人なら言い返したり言い訳したりでそのストレスを軽減できますが、子どもは反論できません。でも、心の中では「こんなこと言われたくないな」と思っています。ストレスはたまる一方です。自信もなくなります。それがやがて爪《つめ》かみ、指しゃぶりなど、おしめが取れないことよりももっと大きな問題に発展することもあります。

おもらしの原因は、「こまめなトイレットトレーニングをしなかった」「失敗するたびに叱《しか》っていた」など、それまでの親の対応に問題があったことも多いものです。それだったらなおさら子どもを叱れませんよね。おしっこは失敗しても叱らず、そのつど、何でもないことのようにしてパンツやおしめを換え、「これからは教えてね」とやさしく言うのが一番です。いちいち怒っていくよりも、よほど早く自立します。

うまくいく子育てのポイント

トイレの自立には個人差があるもの。わが子は「遅い」と思っても、2年以内には必ず自立すると思ってあせらないこと。

困ったファイル㉙

朝、グズグズする

朝になるとグズグズします。
ただでさえ、時間がないときにグズグズされると、つい怒ってしまいます。

子どもはどうしてそうなるの？

寝起き、または寝不足のとき、子どもは特に「グズグズ」してしまいます。でも、大人の朝の動き方は異常です。昼間なら10分かかることを、5分でやっています。つまり倍のスピードで動いているのです。子どもは朝も昼間とそれほど変わらない動き方をしてしまいます。朝だけスピーディに動くなんてできないのです。猛スピードで動いている大人から見ればそれが「グズグズ」に見えるようです。夫が休みで妻が仕事の日などは、夫は朝、普通に廊下を歩いていても、妻からは「グズグズ」動いているように見えるものです。

効果のない
NG
言葉

グズグズ
しないで！
早く！
もた…
もた…

子どもを伸ばす
OK
言葉

「グズグズ」が原因で困った
経験をあえてさせ
（グズグズしていたら）
こうなるのよ
と言い、グズグズとの
因果関係を理解させる

ある調査によると、母親が子どもに一番多く言ってしまう言葉が「早く！」だそうで、その数何と１日平均40回！「そんな馬鹿な！」と思ったある父親が数えてみると、妻は朝、子どもが出発するまでにクリアしたという笑い話があるくらいです。「早く！」はせかされる言葉です。命令言葉でもあります。言われた方はストレスがたまる言葉です。大人はそのつど反論するなどでストレスを軽減させていますが、子どもはためています。それはいつか何かの形になってあらわれます。

子どもがグズグズするときは、それが自分の不利益につながった、という経験を多くさせることです。たとえば、遠足に遅刻をする、映画に間に合わなかった、乗り物に乗り遅れた……いろいろ経験させ、それと「グズグズ」との因果関係を、子どもに理解させるのです。親は、子どもがそんな目にあったらかわいそうだから、いわば子どものためにいつも怒っているのに、「お母さんはうるさいな」などと思われたのでは、たまったものではないですよね。

うまくいく子育てのポイント

子どもがグズグズするときは、それが自分の不利益につながる経験をあえてさせていく。

困ったファイル㉚

怪獣など暴力的なテレビ番組が好き

うちの子は、怪獣や変身ものが大好き。
でも、なんだか暴力的な子どもになってしまいそうで……。

子どもはどうしてそうなるの？

男の子は誰でも、一時期、怪獣や変身ヒーローものに夢中になります。私はそれを「青春の門」ならぬ「怪獣の門」と呼んでいます。男の子なら必ずいつかは通り抜けるからです。お母さんは眉《まゆ》をひそめても、お父さんは何も言わないことが多いのは、かつて自分もくぐり抜けたので、その気持ちがわかるのでしょう。一見暴力的で野蛮《やばん》に見える格闘技のファンに圧倒的に男性が多いのは、男性の中にある「攻撃性」を合法的な形で昇華しているからという説がありますが、男の子が怪獣を好きになってしまうのも、そういう理由かもしれません。

効果のない
NG
言葉

そんなの、
見たらダメ！
または、子どもを見せない環境に置く
プツン
切
あ～
ピ
ON

子どもを伸ばす
OK
言葉

おもしろい？
あの怪獣はなあに？
と子どもに尋ね、得意げに話させる
ズガーン
あのね……
へ～

自分の好きなものをけなされたり、いちいち何かを言われながら見るのは、イヤなものです。好きなことを後ろめたく思ったり、なにかいけないことをしているかのような気持ちになったりもします。自分が好きなものが相手に理解されない、共感してもらえないというのは、なかなかつらいものです。まして大好きなものを無理やり奪われたりすると、それがもっと困ったことになってあらわれることもあります。

親はイヤな顔をするのではなく、逆に、まるで自分も興味を持っているかのように、いろいろ尋ねてみるのです。子どもはうれしくなってきます。「あのね、これはね……」と得意げに話しだします。自分が認めてもらえたような気持ちになるのです。そこから会話も広がります。でも最近は、まるで大人向けであるかのような描写を含むヒーローものが多くあります。親が関心を持って見ていると、それらを「見分ける力」が大人についてきます。そういう意味でも、ぜひ親も関心を持って見てほしいものです。

うまくいく子育てのポイント

子どもが興味を持ったものは、親が嫌いであってもけなしたりせず、むしろ一緒になって楽しむ。子どもは喜び、親子の話題も増える。

困ったファイル ㉛

すぐに質問をする

「ねえ、○○ってなあに?」
「どうして××するの?」
……と、すぐに質問をしてきます。
答えにくかったり、いちいち答えるのが面倒なことも……。

子どもはどうしてそうなるの?

３歳を過ぎると子どもは、親によく質問をしてきます。これは世の中のいろんなことがわかってきた証拠です。わかってきたからこそ、気になることが増えてきたのです。でも、もうひとつ理由があります。それは、お父さんお母さんが大好きだからです。子どもは大好きな人にしか質問をしないものです。大好きな親に質問をする。大好きな親がちゃんと答えてくれる……。それ自体がもう子どもにとっては、自分が親から愛されていることがわかる、「親子のふれあいタイム」になっているのです。

効果のない **NG** 言葉

知らなーい
もういいの！
とそっけない返事をする
次の駅は…？

子どもを伸ばす **OK** 言葉

それはねえ……
○○ちゃんはどう思う？
など、何でもいいから答え、そこから楽しい会話を広げる
えっとね

自分の質問にお母（父）さんがやさしく答えてくれる……、そんなうれしい親子のふれあいタイムがほしかっただけなのに、無視したり、「知らない！」とそっけなく返事をするだけでは子どもがかわいそうです。たとえば電車やバスの中でも、子どもはよく次の駅名を聞いたり、その先々の駅名まで聞いてきたりすることがありますが、それも本当に駅名を知りたかったのではなく、駅名を聞くことで始まる親子の楽しい会話がほしかっただけのことが多いものです。

子どもは親に質問をしても、必ずしも本当の答えが知りたいのではありません。すでに知っていることさえあります。次の駅名を答えられなかったときは、「○○だよ」と教えてくれることもあります。子どもに何かを質問されたときは、答えられるものはちゃんと答えてやり、答えられないときは困ったりイヤがったりせず、「さあ何かなあ、お母さんわからないなあ、○○ちゃんはどう思う？」など、何でもいいからそこから会話を始めればいいのです。子どもがほしいのは「正解」ではなく、そんな「親子の会話」なのです。

うまくいく子育てのポイント

子どもが親に質問をするのは、親とのふれあいタイムがほしいから。その質問から、楽しい会話が始まることを子どもは望んでいる。

困ったファイル 32

同じビデオを何回も見る

同じビデオばかりを何回も見て困っています。
20回くらい見たものも。
もっといろんなものを見てほしいのに。

子どもはどうしてそうなるの？

子どもは誰でも、何度も見たくなる映像作品に必ず出くわします。何にひきつけられるかは、子どもによって違いますが、うちの娘はアニメ『シンデレラ』でした。息子は『ウルトラマン』の中の特定のお話でした。あの手塚治虫氏は、子ども時代、アニメ『バンビ』を40回も観にいったそうです。同じ作品を何度も見るときは、よほどその作品に子どもをひきつけるものが備わっているのです。相性がいいのです。

効果のない
NG
言葉
もう！
何回見るの！
みたいの

子どもを伸ばす
OK
言葉
1回だけね
と気持ちよく見せてあげながらも、1日1回だけにしておく

子どもが同じビデオを何度も見るとき、お母さん方は、内心「あきれた！」と思いながらも、ちゃんと見せてあげていることが多いものです。文句を言いながら、そのつどお母さんがセッティングする場合もあります。「わが子が好きならば、それに応えてあげたい」という親心です。でも、どうせ見せてあげるのなら、気持ちよく見せてあげたいものです。たとえばサラリーマンでも、休暇申請するたびに文句やイヤミを言われるよりも、最終的には休ませてくれるのなら、最初から気持ちよく休ませてほしい……ものですよね。

子どもが、その作品のどこに惹《ひ》かれているかを知ることは、子どものことを知るいい機会になります。子どもをそこまで魅了する作品には、大人が気付かないいいものがそこに備わっていることが多いものです。子どもはそこから必ず何かを学んでいます。でも、1日のテレビ視聴時間が長くならないようにしたり、見る途中で休憩したりすることは大切です。同じ作品を見るのは1日1回などと決めた上で見るようにすると、より楽しみに見るようになります。

うまくいく子育てのポイント

子どもが何回も見たがるビデオや絵本は、子どもの興味や嗜好《しこう》を知るチャンス。全面禁止はせず、むしろそれを今後の子育ての資料として役立てよう。

困ったファイル㉝

自分のことを「おれ」と言う

まだ5歳なのに、自分のことを「おれ」と言います。
そんな言葉、使ってほしくないのに……。

子どもはどうしてそうなるの?

子どもは４歳頃から、自分は男か女かを意識するようになります。その頃から、男の子はいわゆる「男っぽいもの」に、女の子は「女っぽいもの」に惹《ひ》かれ、自分に取り入れるようになっていきます。４歳以上で、かつ「男の世界」的なものに惹かれている男の子は、自分のことを自然に「おれ」と言い出します。世の男性が「おれ」と言うのを見聞きして、自分にもぴったりな言い方だと思うのです。言わない子どもは、言うのを我慢しているのではありません。別にそこまで男の世界にあこがれてはいないので、別に言う気が起こらないのです。

効果のない **NG** 言葉

「おれ」なんて言ったらダメ！

と、「おれ」禁止令を出す

「おれ」と言う子どもは、本人としても自然にそう言うようになっただけで、「悪い言葉を使ってやれ」「偉そうに言ってやれ」などの気持ちは一切ないものです。それを、いかにも悪い言葉を使っているかのように言われたり、叱《しか》られたりするのは、自分のアイデンティティを否定されたような気分になります。「おれ」禁止令を出すのは、99パーセントが女性です。男性は子どもが「おれ」と言うのを基本的には禁止したりしないものです。その子どもが「男の世界」の仲間入りをしたようで、うれしくさえ感じています。

子どもを伸ばす **OK** 言葉

こんなときは「おれ」じゃなくって、「ぼく」って言おうね

と、全面禁止ではなく、「おれ」「ぼく」の使い分けができるようにしていく

ほとんどの男の子は遅かれ早かれ、自分のことを「おれ」と言うようになります。5歳で言うようになった子どもは、それがたまたま早かっただけです。5歳の頃は「ダメ」と言われて、8歳頃に「そろそろいいわよ」と言われて使えるものではないのです。世の男性のほとんどは「おれ」「ぼく」「私」と1人称の使い分けができています。子どももそうなればいいだけです。言わない方がいい場面、言ってはいけない場面でだけ注意していくと、だんだんと「使い分け」ができていきます。

うまくいく子育てのポイント

子どもが「おれ」と言い出したときは、自分が男であることを意識しだしただけだと思い、全面禁止にはせず、使い分けができるようにしていく。

困ったファイル㉞

家ですぐに泣く

園では泣かないそうなのですが、家で親といるときはすぐに泣きます。

子どもはどうしてそうなるの？

３歳を過ぎると、子どもはあまり泣かなくなることをご存知でしょうか？　幼稚園や保育園ではあれだけの子どもがいるのに、ほとんど泣き声が聞こえてこないのもそのためです。保育園では１度も泣かなかったのに、お母さんが迎えに来た直後から、よく泣く子どもがいます。よく見ると、お母さんがさっそく子どもを怒っていたり、子どもがイヤがることを何かしていたりすることがあります。決して「よく泣く子ども」ではないのに、親が「よく泣かせている」だけだったのです。

効果のない **NG** 言葉

子どもを伸ばす **OK** 言葉

と、子どもがよく泣く原因が自分にないかを時には振り返る

子どもがたとえば服にアイスをこぼしたとき、「あらら、こぼしちゃった。気をつけなさい」と言われると子どもは泣きませんが、「ほらっ、またこぼした！　もう！　あなたはいつもこうで○※△×◎……」と、きつい調子で怒鳴られたら、どんな子どもでも泣きたくなります。そこで「また泣く！」なんて怒られたらもっと大きな声で泣きます。子どもが泣くも泣かぬも大人のかかわり方次第。パパと一緒のときはあまり泣かない（またはその逆）、ということがあるのはそのためです。

園ではめったに泣かない子どもが、家ではよく泣く、という場合、親や家庭にその原因がないかどうか、一度謙虚に振り返ってみる必要があるかもしれません。園では泣かないのですから、決して「よく泣く」のではないのです。例えば、叱《しか》って泣いたときは、「また泣いた」ではなく「（自分が）泣かせてしまったかな」と思い、叱り方を少し変えてみたりするのです。もしかしたらどんな子どもでも泣いてしまう言い方だったかもしれません。叱る際、口調を少し変えただけで、「泣かない子ども」になることがあります。

うまくいく子育てのポイント

親が少し変わるだけで、子どもの様子が劇的に変わることがある。

困ったファイル ㉟

悪い言葉を使う

友だちとケンカをしたり、イヤなことをされたりすると、「ぶっ殺すぞ」「死ね!」など、すぐに悪い言葉を使います。

子どもはどうしてそうなるの？

子どもが使うと親がイヤになる、いわゆる「悪い言葉」には、そのどこかに子どもをひきつけるものが備わっているようです。それまでにはない響きや、言葉自体のおもしろさを感じ、つい使ってみたくなるのです。「オウベイカ！」「そんなのカンケーネー！」など、ただその言葉の響きやリズムが面白くて使ういわゆる「流行語」は、使っても問題はないことが多いのですが、「死ね！」「ぶっ殺すぞ！」などの、いわゆる「ぶっそうな言葉」を好んで使う子どもは、やはり少々問題があるかもしれません。

効果のないNG言葉

そういう言葉は言わない（使わない）の！
ぶっコロス
死ねっ
べーっ
←代名詞を使うのはNG

たとえば「ウンチ」「おしっこ」などの下ネタワードを言ったときにも「そんなこと言わないの」と言い、「たいくつー」「もういらない」なんて言ったときも「そんなこと言わないの」と言ったりします。「そういう言葉…」「そんな言葉…」などの代名詞を使った叱《しか》り方では、子どもは「そんな」が何を指すのかがわからないのです。何度言っても親の真意は伝わらないので、その結果、改まることはないわけです。

子どもを伸ばすOK言葉

人に「死ね」
（「ぶっ殺すぞ」）
なんて言っては
ダメ！
と、具体的にその禁止言葉を入れてきっぱりと言う
キッ！

子どもがそんな言葉を使っても、「テレビの影響」「気にしなくていい」と言う人がいますが、私は反対です。なぜならそれらを言う子どもは、相手を責めるときなど、使う場面が合っていることが多く、意味がわかった上で言っているからです。戦隊ごっこなど、遊びで使うときとは意味が違います。たとえ子どもでも、言ってはいけない言葉です。もしも子どもが使ったときは、「そんな言葉」とぼかして言わず、そのつど、「人に『死ね』は絶対に言ってはダメ！」と、その言葉を具体的に示しながら教えていきましょう。

うまくいく子育てのポイント

人に言うべきではない「悪い言葉」を普段の生活の中で使う子どもには、そのつどその言葉を具体的に言って「禁止令」を出す。

困ったファイル 36

母親にまとわりつく

いつも母親にまとわりつくようにして、そばから離れません。
トイレにまでついてくることもあり、家事もぜんぜんはかどりません。

子どもはどうしてそうなるの？

子どもはお母さんが好きで好きで仕方がないものです。世界一信頼でき、世界一大好きな人、それがお母さんです。そんなお母さんが少しでも自分から離れてしまうと不安になってしまうのです。でも、子どもをそうしたのはお母さん。これまで子どものことを心から愛し、しっかりとお世話をし、子どもに好かれるようなことばかりをしてきたのですから。子どもがそんなふうになっても少しも不思議ではありません。お母さんも「何時間離れても全然平気」という子どもよりも、うれしいのでは？

効果のない
NG
言葉

あっちへ行って！

○○ちゃんがいたら何もできないわ

など、否定的な苦情を言う

子どもは、ただ「お母さんが好き」という気持ちを表現しているだけで、悪いことは何もしていません。それなのに、迷惑そうに言ったり、「あっちへ行って！」などと拒否してしまえば、子どもは自分が受け入れられなくなったように感じます。親はたまに「もううんざり！」となったときだけ言ったとしても、子どもにしてみれば、今まで何も言われなかったのに、急に嫌われたように思い、悲しくなってしまいます。

子どもを伸ばす
OK
言葉

子どもと離れたいときは

ちょっと待っててね

すぐ戻《もど》るからね

と言ってから離れるようにする

いくら子どもに好かれている証《あかし》だと言っても、いっときも子どもが離れないのは確かに困ります。トイレなどどうしても離れなければならないときは、子どもに「待っててね」と言ってから離れるようにします。そのときはイヤがりますが、そのあと必ず戻ることで、「待っててね」の言葉を信頼するようになり、離れても安心するようになります。その時間を少しずつ延ばしましょう。でもそんな時代も今だけ。離れても平気になったらなったで今度は寂しくなります。今は自分に甘えてくれる喜びを十分に味わいましょう。

うまくいく子育てのポイント

母親から離れない子どもは、母子関係が良好な証拠。離れたいときは、「待っててね」とやさしく言って堂々と離れ、待たせる時間を少しずつ長くする。

困ったファイル ㊲

すぐ近くでテレビを見る

テレビを見るのはいいけれど、気が付けばいつもすぐ近くで見ています。目が悪くならないかと心配。

子どもはどうしてそうなるの?

テレビだけではなく、子どもは興味を持ったものは何でもすぐ近くで見ようとします。写真を見るときでも、さっと横取りするように取り、自分に近づけて見たりします。厚かましいのではありません。子どもは何でも自分の視野いっぱいになるように持ってこないと情報確認がしにくいのです。だから、テレビもつい、自分の視野いっぱいになるような場所に行ってしまうのです。映画館なら、文句を言わず後ろに座ります。どこに座ってもけっこう視野いっぱいにスクリーンが広がるからです。

効果のない **NG** 言葉

もっと遠くで見なさい

と、子どもをかなり後ろへ移動させる

テレビをあまりにも離れたところから見ると、視野に対する画面の割合がとても小さくなります。すると、情報確認がしにくくなり、その内容を把握しにくくなってきます。視野の中に、テレビ以外のものがたくさん入り、画面に集中しにくくなり、気が散りやすくなります。幼稚園や保育園でも、テレビや紙芝居の一番遠いところにいる子どもから集中力がなくなり遊びだします。テレビに近づきすぎるのもいけませんが、離れすぎるのもよくないのです。

子どもを伸ばす **OK** 言葉

この辺で見なさい

と、適切な距離（テレビ画面の倍くらい離れた場所）を教える

「テレビは目を悪くする」とよく言われます。でもそう言われたのは白黒テレビ時代のことで、あの頃は画面を白と黒のコントラストのみで構成していたので、確かに目が疲れやすかったようです。しかし今は、テレビはずいぶん目にやさしくなっています。近くで見たい子どもの気持ち、集中力の養成、目の保護などから考え、テレビは画面サイズの２倍離れたところから見るのがちょうどいいように思います。25インチテレビなら50インチ前後（1m少し）、40インチの大型テレビなら80インチ（約２m）、というわけです。

うまくいく子育てのポイント

テレビを見るときは近すぎない程度に離れればOK。離れすぎると画面が小さくなり、子どもは集中力がなくなり、かえって注意力散漫になりやすい。

困ったファイル㊳

絵本を読んでやってもじっくりと見ない

絵本を読んであげようとすると、じっくりと聞かず、すぐに先のページを見ようとします。
集中力がないのかしら。

子どもはどうしてそうなるの？

子どもには「次のものがつい気になる」、そして「10秒ほどで満足する」という特徴があります。動物園でひとつの動物をじっくりと見ずにすぐに次の動物を見たり、見晴らしのいい展望台に行っても、景色は見ないですぐに違うことをするのもそのためです。親はがっかりかもしれませんが、実はちゃんと見ているのです。ただ10秒ほど見ただけで満足したのです。それで次のことに目が移ってしまったのです。お母さんが読んでくれる絵本を勝手にめくったのも、ちょっと先を知りたかっただけなのです。でもちょっと見たら満足します。

効果のない
NG言葉

読んでほしくないの？
もう読んであげないよ
パラ
パラ
えほん
うら山たろう

子どもを伸ばす
OK言葉

ね、おもしろそうなお話でしょ！
ニコ
ニコ
パラ
パラ
えほん
うら山たろう

などと言いながら子どもの意のまままめくらせ、満足感を味わった頃、最初から読む

　単なる好奇心でしてしまっただけです。それをまるで悪いことをしたかのように言ったり、「もう読んであげない」なんて、罰を与えるようなことは言わなくてもいいのです。子どもは自分のしたことを叱られたり否定されたりすると、自分や自分の行動に自信が持てなくなります。そんなことが続くと、何かあってもとりあえず何もしない、いわゆる「指示待ち」になったり、行動のすべてが消極的になったりすることがあります。

　子どもはちょっとめくってみたかったのです。別にやめさせなくてもいいのです。「この本はどんな絵本だっけ？」と思い出したかっただけかもしれないし、お母さんに読んでもらえるのがうれしく、ページをめくって本の長さを確認したかっただけかもしれません（「わ、長いぞ！　たくさん読んでもらえる！」と）。少なくとも「読んでなんかいらない」とは思っていないのです。ちょっとめくって満足感を味わったらもう大丈夫。今度は、お母さんが読んでくれる絵本をじっくりと聞こうとします。

うまくいく子育てのポイント

子どもは好奇心が旺盛だが、飽きる（満足する）のも早い。見たがるものはちょっと見せてやると満足し、次のことに取り組むことができる。

困ったファイル㊴

夜ひとりで寝られない

夜、ひとりで寝ることができず、毎日親がついて寝かせています。
ひとりで寝てくれたらなあ……。

子どもはどうしてそうなるの？

子どもは眠るとき、そこが安心空間でないと、眠ることができません。寝るとき、ひとりきりだと不安になるのです。子どもは親さえそばにいてくれたら、そこはすべて安心空間になります。親がいない（迷子になった）のであれば、たとえ遊園地でも、そこは不安空間になってしまいます。子どもは親が添い寝してくれたり、枕《まくら》元で本を読んでくれたりするのも大好きです。まさに自分が親に愛されていることを実感できる瞬間です。寝るときは、誰でもいいからそばにいてほしいのではありません。親にいてほしいのです。

効果のない NG 言葉

ひとりで寝なさい

と言って、無理にでもひとりで寝かせようとする
パチッ

親が、子どもがひとりで寝てほしい理由は、寝かせるのが面倒ということもありますが、寝かせに行くと、ついそのまま自分も一緒に眠ってしまい、何もできなくなってしまうことがあるからではないでしょうか。泣こうがわめこうがひとりで寝かせるようにすると、子どもはやがてひとりで寝るようになります。一緒に寝ようとせがむこともなくなります。でも、それは子どもが自立したのではありません。親に愛情を求めることを諦《あきら》めさせただけです。目には見えない弊害がたくさん出て来るような気がします。

子どもを伸ばす OK 言葉

はい、はい

と言って、素直についていってやる
父親でもOK

子どもが自然にひとりで寝られるようになる時期は、子どもによって違います。３歳のこともあれば、小学校になってもまだひとりで寝られない子どももいます。が、「その日」は必ずやって来ます。でもそれは、それまで毎日、十分親から安心感をもらったからこそ来るのです。「その日」は自然現象のようにやって来るのが一番いいのです。それまでは、一緒に寝てほしがるそのかわいらしさを十分に味わってほしいと思います。そんな日々が一番幸せな時代だったということがあとできっとわかります。

うまくいく子育てのポイント

子どもが親と一緒に寝てもらいたがるのは、不安だから。大好きな親にいてほしいから。ひとりで寝る日は必ず来るので、それまではむしろそれを楽しもう。

困ったファイル㊵

朝、なかなか着替えようとしない

朝、着替えさせるのに苦労します。
自分からはなかなか着替えようとしないので、結局毎朝私が全部手伝うことに。

子どもはどうしてそうなるの？

大人が着替えるのは、着替えないと困ることが起きるからです。それさえ起こらないのなら、大人でもなかなか着替えないでいたりします。仕事が休みの朝などがそうです。たとえば5歳くらいまでの子どもは、仮にパジャマのまま外に出ても平気。夜、服のまま寝ても平気。別に困らないのです。食事やトイレと違って、子どもにとって着替えはその動機づけが難しく、その意欲も起こりにくい、面倒なだけの行為なのです。

効果のない **NG** 言葉

早く着替えなさい！

の一点張り

子どもが着替える理由は、ただひとつ。親が「着替えなさい」と言うからです。でもそれでは、毎日そう言われないと着替えられなくなってしまいます。着替えるときに毎日怒られていると、ただでさえ面倒な着替えに対して、マイナスイメージがこびりつき、よりいっそう着替えが嫌いになっていきます。「着替えなさい！」の言葉を聞くだけでうんざりするようになります。

子どもを伸ばす **OK** 言葉

うわ！今日はひとりで着替えたね

今のズボンのはき方、すごく早かったね

など、着替えの際に「快」を味わえる言葉を普段から多くかけておく

子どもにとって着替えは、大人が思っている以上に手間と時間と労力のかかる作業です。大人なら5秒で着られるTシャツも子どもは20秒くらいかかったりします。子どもは誰でも、「着替えは面倒なもの」なのです。着替えの際は、何かほめることを見つける、完全にひとりでさせるのではなく親が少し手伝うなど、子どもがうれしくなるようなかかわりや言葉が何かあると、子どもは着替えにいいイメージを持つようになり、やがて積極的に着替えるようになっていきます。

うまくいく子育てのポイント

子どもは着替えが苦手。着替えの際は子どもが喜ぶような言葉がけやかかわりを持ち、着替えに対してプラスイメージを持たせていくと、おっくうがらなくなる。

困ったファイル ㊶

すぐに砂や地面を触《さわ》る

しゃがんで、すぐに砂を触ったり地面をいじったりします。
汚いのでやめさせたいんですが。

子どもはどうしてそうなるの？

小さな子どもは体の中で、指と舌の感覚が一番発達しています。そのため何でもすぐに口に入れたり触ったりします。確かめているのです。特に、土、砂、水、草、花……そういう「自然」には、子どもを魅了する不思議な感触があります。それらが目の前にあらわれたとき、子どもはすぐに触ろうとします。でも、それは好奇心や探求心が旺盛《おうせい》なことのあらわれです。いいか悪いかで言えば、いいことなのです。砂や土も、もしもそこが砂場なら親も堂々と触らせているはずです。

効果のない **NG** 言葉

さわったらダメ！

もうっ、汚い！

と、すぐに怒ったり禁止したりする

子どもが砂や地面を触ったりしたとき、すぐにやめさせることでプラスになることは、手が汚れなくてすむ、ということだけです。でもマイナス点はその10倍はあると思います。好奇心の退化（興味さえ示さなくなる）、自信の喪失《そうしつ》（「また叱られた！」と思う）、行動の消極化（当然してもよいことまで「きっと怒られる」と思い、しなくなる）などなど……。手が汚れたら拭《ふ》けばいいだけです。たったそれだけを恐れ、それと引き換えにこれだけのものを失うのは実にもったいないことです。

子どもを伸ばす **OK** 言葉

少し触らせてあげてから

はい、手が汚くなるから、もう触ったらダメよ

と言う

子どもは満足感というものを少し味わうと、頭から拒否されたときとは大違いの行動を見せます。そのあとのお母さんの「手が汚れるよ」「もう触ったらダメ」などの呼びかけにも素直に応じます。満足感で心が落ち着き、親の言うことも素直に耳を傾けるようになるのです。このとき触らせると言ってもほんの十数秒、いえ数秒でもいいのです。「触りたかった」気持ちはそれで十分満足します。もちろんそれが人の迷惑になるとき、絶対に触ってはいけないもの、などはその限りではありません。

うまくいく子育てのポイント

好奇心や探求心で行なった子どもの行動は、子どもに成長をもたらすものが多いもの。すぐに禁止したりせず、少し満足感を与えてから注意すると、効果がある。

困ったファイル㊷

「ごめんなさい」が言えない

悪いことをしても、「ごめんなさい」が言えません。強情なのかしら?

子どもはどうしてそうなるの?

たとえば人の足を踏んですぐに「あ、ごめんなさい」と言える3歳児はいません。が、5歳くらいなら言える子どもが出てきます。それは、それまでに親が何度も「ごめんなさい」を言わせていたからではありません。そのときの相手の気持ちなどがわかるようになったからです。小さな子どもが「ごめんなさい」を言えないのは、強情だからではありません。「ごめんなさい」は、心が成長していないと、なかなか言えない言葉だからです。

効果のない
NG
言葉

ごめんなさいは？

と、強引に言わせる

ズキズキ
わーん
原因
相手の事情を理解できていない

大人は自分が「謝るべきこと」と判断したら、それが２歳、３歳の子どもであっても謝らせようとします。でも、自分では悪いことをしたとは思っていない（気付いていない）ときに、無理やり謝らされるのは、子どもにとっては（大人でも）屈辱です。悔しくて、泣いて抗議することもあります。形だけの「ごめんなさい」を無理に言わせ続けると、別に謝らなくてもいいような場面でも謝ったりするようになります。お礼を言うべき場面で、「なんて言うの？」と聞かれ、「ごめんなさい」と言った子どももいます。

子どもを伸ばす
OK
言葉

たとえばボールが
当たったときは

ボールが当たったよ。
痛い痛いしたよ。
ごめんね言おうね

と、相手の気持ちを子どもがわかるように言いながら、うながす

ごめんね…
イタイイタイ

日常の中で、自然に「ごめんなさい」が言える子どもは、それまでに親が何度も言わせ続けたからではありません。その行為で相手になんらかの迷惑がかかったことがわかる子どもになったからです。そういう子どもになるようにすることが大切なのです。謝ることを教えるのは大切ですが、「ごめんなさい」さえ言えたらいいのではありません。「ごめんなさい」の心を理解させることが大切なのです。それまでは、もし相手に何らかの謝罪が必要なときは、子どもに代わってまず親が謝ることです。

うまくいく子育てのポイント

「ごめんなさい」は、人の気持ちというものがわかる頃になるまではなかなか言えないもの。無理に言わせるのは逆効果。その「人の気持ち」を教えることが大切。

困ったファイル㊸

ひとつのものにハマりすぎ

上の子はアンパンマン、
下の子は機関車トーマス。
好きなのはいいけれど、
他のものには目もくれず、
「買って」というものはそ
ればっかり。

子どもはどうしてそうなるの？

子どもには、必ず「○○マニア」「△△オタク」があるものです。それは電車かもしれないし、働く車かもしれません。多いのはアンパンマンやウルトラマンなどのテレビキャラクターものです。それに関することだったら何でも知っている、その形の一部を見ただけでもわかる、という子どももいます。それらには、その子どもにはしっかりと届いている、何かしらの「よさ」が備わっているのです。好きなものというのは、どうしてそれを好きなのかは本人もわからないものです。

効果のない NG 言葉

たまには違うものにしなさい

子どもを伸ばす OK 言葉

かっこいいね

それいいね

など、理解を示す言葉をかけ、親子のコミュニケーションに役立てる

たとえば「電車マニア」の子どもなら、本屋さんで選ぶのはいつも電車の本ばかり。「アンパンマンオタク」なら、身に付けるものはすべてアンパンマン……となったりします。親は同じようなものばかり買わされている感じがするかもしれませんが、子どもにとってひとつひとつがゾウとキリンくらいの違いがあるように見えています。ほしくないものはいりません。ほしいものがほしいのです。それがいわゆる「マニア」「オタク」の世界です。

子どもの「○○マニア」や「△△オタク」は、必ずや子どもに備わっている何かしらの能力を引き出してくれます。それは「記憶力」かもしれないし、「識別力」かもしれません。「愛情を持つこと」や「ものを大切にする心」だってあり得ます。「作る能力」や「絵を描く能力」が開発されることもあるのです。いずれも子どもの将来に、必ずや役立つ能力です。何かひとつのことに没頭してこそ身に付く能力とも言えます。親は一緒に楽しみ、親も覚えてしまうくらいでいいのです。親子のコミュニケーションも広がります。

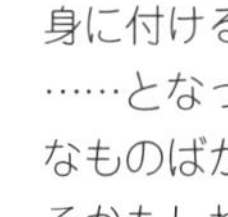

うまくいく子育てのポイント

何か夢中になるものがあるとき、それは必ず子どもの何らかの能力を引き出している。存分に触《ふ》れさせてこそ身に付くものなので、無理に避ける必要はなし。

困ったファイル㊹

「危ない!」と言っても動かない

子どもが危ないことをするたびに、「危ないよ!」と教えるのに、いつもボーッとこっちを見るだけ。さっと動きません。

子どもはどうしてそうなるの?

子どもが何か危ないことをしたとき、大人は「危ない！」と言っただけでその危険性を教えたつもりでいます。「もうやめなさい」と言ったつもりの人もいます。でも、「危ない！」は、単なる感想の言葉です。「私はそれは危ないと思います」と言ったにすぎません。「危ない」のひと言だけで、その言葉の奥にあるものは子どもには伝わらないのです。そう言われてもキョトンとするだけです。他意はありません。「危ない！」だけでは、何も伝わっていないからです。

効果のない NG 言葉

危ないって
言ってるでしょ！

子どもは、「危ない！」と言われたとき、それを言った人を見る傾向があります。あの人、大きい声を出してどうしたんだろう、というわけです。自分に何かを要求されたとは思っていないのです。「危ない」という言葉以外は何も言われていないのに、それだけで怒られたことになります。「危ない！」と言われたら、「それは危険につながる危ない行為だから、何らかの回避行動を取りなさい」と言われたに決まっているだろう！　と思うのは、大人のオゴリです。

子どもを伸ばす OK 言葉

△△すると
危ないから、
○○しなさい
（しようね）
ハーイ

たとえば、もしも子どもがブランコのすぐ側で立っていたら、「ぶつかったら危ないから、もっと離れて！」、鉄棒の上に座っていたなら「落ちたら危ないから降りなさい」と言うのです。その行為が危ない理由と、どうすべきかを具体的にごく簡単に添えるだけでいいのです。大人も「危ない！」の中で言いたかったのはそういうことだったはずです。私の経験では、ただ「危ない！」としか言わなかったときに比べて10倍以上、子どもはその通りのことを素直に行ないます。

うまくいく子育てのポイント

危ない行動を注意するときは、危ない理由とどうすべきかを簡単に添えて言うと子どもはその通りに動く。

困ったファイル㊺

園であったことを話してくれない

園であったことを家では
何も話してくれません。
どんなことをしたのか、
楽しいのかどうかさえわ
からず、困っています。

子どもはどうしてそうなるの？

園であったことや、うれしかったこと、楽しかったことを家に帰ってたくさん話す子どもは案外少ないものです。何も話さない子どもの方が圧倒的に多いのです。と言っても別に「話したくもない」のではありません。大人が自分の経験を話すのは、そのときの感情を共有してほしいからです。子どもは、楽しさにしろ、悔しさにしろ、喜怒哀楽の感情はそのつど完結しているので、改めて聞いてほしいとまでは思わないのです。

効果のない NG 言葉

今日は
何をしたの？
園であったこと
何かお話しして
？
んーと
んーと…

子どもを伸ばす OK 言葉

今日は何が
楽しかった？
と聞き、具体的に思い
出すきっかけを作る
あのね！

「今日、何をしたの？」は子どもが一番困る聞かれ方です。子どもは幼稚園や保育園では毎日1000ほどのことをしているからです。その中のひとつを言えと言われても思いつきません。子どもにとってはその1000の活動は同格です。大人と違って、その中のもっとも代表的な活動を選んだりはできないのです。そういう聞き方をすると、「お味噌汁飲んだ」「絵本を読んだ」など、別に聞きたいことではないようなことを次々と言ってきたりします。

「何をしたの？」と漠然と聞くのではなく、「今日は何が楽しかった（うれしかった）？」と「快」の感情の思い出に的を絞って聞くのです。すると、子どもは、「ブランコに乗った」といったことから思い出し始め、ひとつ思い出せば、「そのとき○○ちゃんは貸してくれなかった」だの、「でも△△ちゃんが代わってくれた」だの、楽しかったことだけでなく、悔しかったこと悲しかったことなど、実に細かいことまで話が展開することもあります。まさに聞きたかった園での出来事を聞けるようになります。

うまくいく子育てのポイント

園であったことは、子どもは自分からは話してくれないもの。話のきっかけを作るような聞き方をすると、そこからたくさんのことを話してくれる。

困ったファイル ㊻

園に行くのをイヤがる

朝になったら、幼稚園（保育園）に行くのをイヤがります。
毎朝、叱《しか》ったりなだめたり……もう、疲れちゃう。

子どもはどうしてそうなるの？

初めて保育園や幼稚園に行く頃は、行くのをイヤがっていた子どもも、慣れてくると次第に喜んで行くようになります。何カ月も経つのにイヤがる子どもは、必ず理由があるものです。①園でよほどイヤなことがある、②特にイヤなことは起こらないが家にいるのが大好き、③団体生活そのものがイヤ、④親への甘え、などです。特に多いのが④です。朝は、親はバタバタ動きがちで、子どもにとっては自分にかかわってもらいたくなる時間です。「行きたくない」とでも言えばなんらかのかかわりをしてもらえるのを子どもは知っています。

効果のない NG 言葉

ダメ！
行きなさい！
と強引に
行かせる
なら、
休もうか
と無条件に
休ませる

子どもを伸ばす OK 言葉

今日行って、もしイヤなことや困ったことがあったら教えてね
大丈夫よ
など、安心感を
持たせる言葉を
何かかけながら
も行かせる

登園イヤイヤ病の原因で多いのが、さっきの④です。子どもは寝起きは親にやさしくかかわってほしいもの。朝、親からのうれしいかかわりがたくさんあれば心は満たされ、１日を元気にスタートできます。少なくとも、朝から叱られたくはないのです。でも、子どもの言いなりになるのもよくありません。家では行きたくないと言っていても、行ってしまえば平気、というケースはよくあります。朝の「行きたくない」は、ちょっと親に甘えてみたいだけと思い、完全拒否も完全降伏もしないようにしましょう。

子どもが行きたがらないことを先生に話し、それを驚くような反応が先生にあったときは、まず大丈夫です。園では楽しく過ごしているということです。少々イヤがっても行かせましょう。でも、イヤがるのは事実ですから、その気持ちは認めます。否定はせず、子どもが安心できるやさしい言葉やかかわりを与えていくのです。抱っこしてもいいでしょう。子どもはべそをかきながらもうれしい気持ちでいっぱいです。これで今日も元気に過ごせるはずです。先生に聞いて、園でも泣いているという場合は、その理由を探しましょう。

うまくいく子育てのポイント

子どもが朝、園に行きたくないときは、親に甘えたいのだと思い、その気持ちを十分受け止める。完全に子どものいいなりになるのもダメ。

困ったファイル㊼

友だちの輪の中に入れない

友だちの輪の中に自分から入っていくことができません。
園ではお友だちも少ないようです。

子どもはどうしてそうなるの？

消極的な子ども、気が弱い子どもは、たとえばみんなで何かをやっているところに、自分から入っていくことができません。それができる子どもには何でもないことですが、できない子どもにはできないのです。性格的なものから来ることが多く、損か得かで言えば、損なことが多いかもしれませんが、子どもは、別にそれで損をしているとは思っていません。親がそう思っているだけです。

効果のない NG 言葉

「入れてね」って言いなさい

みんなと仲良く遊びなさい

と、無理やり入れようとする

それができないのが「ぼく（私）」なのです。それができたら、苦労はありません。子どもは、できないことを「やれ、やれ」と言わないでほしいと思っています。「みんなと仲良く」という言葉も大人はよく使いますが、子どもには負担の大きい言葉です。誰も好き好んでみんなと仲良くできていないのではないのですから。そもそも大人も、「みんなと仲良く」なんてできていません。やはり選んでいるものです。

子どもを伸ばす OK 言葉

遊んでいるとき、お友だちも入れてあげようね

と、自分の遊びに友だちを招き入れることを教える

「友だちの輪」というものは、最初からどこかにあるのではありません。どんな輪も、たいていはまずは2人で遊ぶところから始まり、そこへ友だちが加わって輪のようなものができていくのです。「友だちの輪に入れない」という子どもも、誰かと2人で遊ぶことならできるものです。それで十分です。そこから輪というものができるのです。「友だちの輪」の中に入れない子どもは、案外、自分が人を寄せ付けていないことも多いものです。自分の遊びにお友達を巻き込んでいく、ということも教えましょう。

うまくいく子育てのポイント

友だちの輪の中に自分から入れない子どもも、誰かと2人で遊べるのならばOK。そこに友だちを招き入れ、自分から輪を作っていくことを覚えさせるとよい。

困ったファイル ㊽

気が弱く、いつも損な目に

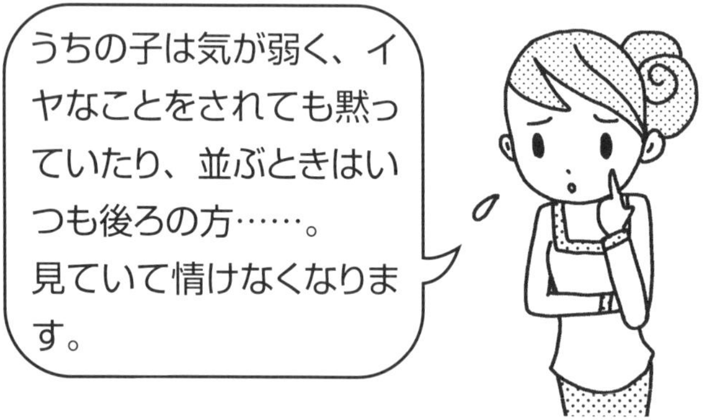
うちの子は気が弱く、イヤなことをされても黙っていたり、並ぶときはいつも後ろの方……。
見ていて情けなくなります。

子どもはどうしてそうなるの？

いわゆる気の弱い子どもは、確かにそんなことが多いようです。わが子のそういう姿を目にすると、何だかわが子が損な目にあってばかりいる感じがし、親は情けなくなってしまいますよね。でも当の本人は、それが全然平気で、親が心配するほどのことではないことが多いものです。いつも後ろの方に並ぶ子どもは、先を争って並ぶのがイヤなだけかもしれません。何かをされても黙っている子どもは、親が思っている以上に「我慢強い子ども」なのかもしれません。もしそれがイヤなことならば、何らかの形で必ず訴えてきます。

効果のない
NG
言葉
もう、情けないわねえ
やられたらやり返しなさい
わりこみ
ここまで
また？
ゲームできなかったの
ならんだのに

子どもを伸ばす
OK
言葉
（やられても）我慢していたんだね
（後ろの方になっても）ちゃんと並べたね
と、子どものその行為を認める言葉をかける
ゲーム売り場
えらかったね

子どもはそう言われる方が、よほどつらいものです。自分のありのままの姿を認めてもらえず、文句まで言われているのですから。「やられたらやり返せ」と教えるのは特にお父さんに多いのですが、そういう考え方の子どもばかりになってしまうと、子どもの世界がトラブルだらけになってしまいます。気が弱い子どもは、性格的にやさしい子どもに多く、その「やさしさ」ゆえ、そうなってしまうことが多いものです。それを叱ってしまえば、子どもの人格を否定していることになってしまいます。

そう言われると子どもは、親は自分の行動をちゃんと見てくれていた、自分のことをわかってくれていると思い、親への信頼感を募らせ、自分に対して自信さえ持つようになります。「情けない！」と責められたり、「やり返せ！」と、無理難題を押し付けられるのとでは気持ち的にも大違いです。（やられても）やり返さなかった、後ろの方に並んだ……よく考えれば、それらは決して悪いことではなく、むしろほめられるべきことばかりです。

うまくいく子育てのポイント

親が情けなく思うようなことを子どもがしても、それが性格的な「やさしさ」から来るときは責めたりせず、むしろほめるようにすると、子どもは自信を持つ。

困ったファイル ㊾

荒っぽく、すぐに手や足が出る

うちの子どもは荒っぽいところがあり、すぐにお友だちを押したり叩《たた》いたりする癖があります。

子どもはどうしてそうなるの？

相対的に男の子に多いようです。それまでの環境や親の育て方などにも原因があるかもしれませんが、性格、遺伝など、「生まれつき」であることも多いようです。０歳のときに、もうそんな傾向が見られる子どももいます。男の子の中には多少なりとも闘争心や攻撃性があり、それが行動に出やすいだけとも言えますが、そんなことをしない子どもも多いのですから、問題と言えば問題です。何らかの手立ては必要です。

効果のない
NG
言葉

**男の子なんだから、
少しくらい荒っぽくても
いいわ**

それが本当に「少しくらい」なら確かに問題はありませんが、自分の気に食わないことがあるとすぐに暴力的な手段に出るのは、いくら小さな子どもでもやはりいけないことです。そういうすぐに手が出る荒っぽい子ども（大人も）を「やんちゃ」の一言ですませたり、「男の子だから」と、認めてしまうのはよくありません。ただ、そこで何も言わない親も、気にしていないというのではなく、いつものことで、いちいち怒ることに疲れているだけのことも多いようです。

子どもを伸ばす
OK
言葉

叩いたらダメ

押したらダメ！

と、そのつど暴力はいけないことを伝えた上で、子どもの気持ちに理解を寄せる言葉をかける

すぐに手や足が出る子どもにも言い分はあります。でも暴力がいけないことは教えなければなりません。すぐに改まらなくてもいいのです。教えることが大切です。１日10回起こるならそのつど伝えます。100回も繰り返せば、それがいけないことだとわかってきます。やがて、暴力が出る代わりに泣くようになります。それでいいのです。我慢を覚えたわけです。そのたびに、子どもの気持ちに寄り添うことがポイントです。「あれがほしかったんだね」「悔しかったね」。親がわかってくれると子どもの興奮は鎮まります。

うまくいく子育てのポイント

いわゆる「荒っぽい子ども」は、親次第で必ず改まる。そのつど、子どもの気持ちを理解してやりながら教えていくのがポイント。

困ったファイル 50

親となかなか別れられない

一緒に園に行ったあと、別れる際、親からなかなか離れず困っています。毎朝、泣いてイヤがります。

子どもはどうしてそうなるの？

それまでは平気でいたのに、別れ際になると泣いたりイヤがったり……、保育園や幼稚園でよくある光景です。大好きなお母（父）さんとしばらく会えないと思うと、急に悲しくなってしまうのでしょう。と同時に一種の甘えでもあります。自分の甘えをたっぷり受け止めてくれる人にだけそうするのです。お父（母）さんと来たときは、あっさり「バイバイ」と別れているのに、お母（父）さんと一緒に来たときだけはなかなか別れられない、ということがあるのもそのためです。

効果のない NG 言葉

バイバイしないと……

ダメダメ、ここでバイバイよ

などと言いながらも、親がなかなか離れない

毎朝別れにくそうにしている親子の様子を見ていると、離れられないのは子どもではなく、案外親であることが多いものです。子どもが自分の服を引っ張り、「行かないで、離れないで」と言うその状況がなんとなくうれしいのと、子どもが離れたがらないのに、無理に離れたりなんかできない……と思ってしまうのでしょう。お互いにそうすることが日課になってしまい、子どもも毎日そうしなければいけないような気持ちになっていることも多いものです。

子どもを伸ばす OK 言葉

はい、じゃあまた迎えに来るからね。バイバーイ

とあっさり別れる

どうせ別れるのです。自分（親）がその時間を延ばしているだけだと思い、思い切って別れてしまいましょう。別れてしばらくしてからの子どもの様子を、１度こっそり見てみてください。何事もなかったような顔をして元気に遊んでいる場合が多いものです。別れても、心配はないわけです。少々強引に別れても大丈夫なのです。うまく別れるコツは、なかなか離れないことを叱ったりせず、子どもが安心できる言葉を何かひとつかけておくことです。「あーくーしゅーでーバイ、バイ、バイ」も効果があります。

うまくいく子育てのポイント

別れるときに子どもと離れないのは親の方。子どもは単に「お母（父）さんが大好き！」と言っているだけなので、親が思い切って別れよう。

おわりに

子どもの手が離れ、子育てが完全に終わったお母さん方はよくこう言っています。「今なら、うまく子育てができるような気がする」「もっと楽しんで子育てをすればよかった」……。やり終えてから気付くことかもしれませんが、子育てって本当に楽しいものです。幸いなことにみなさんは、まだ終わってはいません。今、楽しめるのです。すばらしいことです。子育てが終わった後、「今なら、うまくいく」「もっと楽しめばよかった」と言っている20年後の自分がタイムマシーンに乗って今の時代にやって来たという、信じられないことが起こったと思って、今こそ子育てを楽しんでほしいと思います。

*

子育てに「困った」はつきものです。

毎日、それでイライラしているお母さんもいます。でも、それでニコニコしているお母さんもいるのです。子どもがやっていることは同じなのに、笑顔になる親とイライラする親。どうせなら、いつも笑顔でいたいですよね。そのお手伝いができればいいなと思ってこの本を書いてみました。

*

子どもって本当にかわいいものです。そのかわいらしさを一人でも多くの人と共感したい、心からそう思っています。これまで私とかかわってくれた多くの子どもたちに感謝！です。

原坂 一郎

◎著者プロフィール ―――― 原坂一郎（はらさかいちろう）

1956年神戸に生まれる。79年関西大学社会学部卒業後、独学で保育士資格を取り、男性保育士の草分け的な存在となる。23年間にわたる神戸市の保育所勤務を経て、現在は、こどもコンサルタントとして全国で講演・講座・執筆活動を行なっている。「怪獣博士」としても有名で、ウルトラヒーロー風にデザインされた自身の研究所はマスコミにも大好評。2階の「怪獣ミュージアム」は、地域の親子に無料公開されている。現在KANSAIこども研究所所長、日本笑い学会理事、関西国際大学人間学部非常勤講師等を務める。著書に『子どもがこっちを向く指導法』（ひかりのくに）、『子どもがふりむく子育てのスーパーテク43』（中経出版）などがある。

〈連絡先〉
KANSAI こども研究所　☎ 078-881-0152
http://harasaka.com

「言葉がけ」ひとつで子どもが変わる
～子育ての50の「困った」に答える本～

2008年4月1日　第1版第1刷発行
2008年8月12日　第1版第2刷発行

著　　者　原坂一郎
発 行 者　江口克彦
発 行 所　PHP研究所
東京本部　〒102-8331　千代田区三番町3番地10
生活文化出版部　☎ 03-3239-6227（編集）
普及一部　☎ 03-3239-6233（販売）
京都本部　〒601-8411　京都市南区西九条北ノ内町11
PHP INTERFACE　http://www.php.co.jp/

印刷所・製本所　凸版印刷株式会社

ISBN978-4-569-69828-1

PHPの本

かんたん！　立体どうぶつ切り紙

竹内一雄　著

うさぎ、りす、ぞう、クワガタ、蝶……。型に沿って切って折るだけ。簡単にできて、子どもに大人気の立体どうぶつ切り紙を紹介する一冊。

定価一、二六〇円
（本体一、二〇〇円）
税5％